英語学モノグラフシリーズ 15

原口庄輔／中島平三／中村　捷／河上誓作　編

音節とモーラ

窪薗　晴夫 著
本間　猛

研 究 社

まえがき

　音節とモーラに関する研究は，これまで量の面でも質の面でも進んでおり，かなり高い水準に達している．生成音韻論以前の理論や研究では，音節という単位が必要であると考えられており，音節を基盤に音声の構造が論ぜられてきた．これに対して，Chomsky and Halle (1968) とそれに基づく生成音韻論では，理論的概念としては 2 次元的音声マトリックスだけで十分であり，音節という概念は不要であるとの想定のもとに，しばらくの間研究が試みられた．これに対して，Vennemann (1972, 1974) や Hooper (1972, 1973) などの自然生成音韻論 (natural generative phonology) では，音節という概念が不可欠であると論じた．生成音韻論の枠組みにおいても，Kahn (1976, 1980) によって，音節という概念が不可欠な音韻論上の単位であることが示され，音節という概念の復権がなされ，音節に関する理論研究が盛んになった．

　一方，モーラという単位に関しては，その必要性が疑問視されることはかつてなかった．生成音韻論においても，McCawley (1968) などですでにその必要性が論ぜられており，モーラという概念の必要性は，日本語においても南パイウート語などいくつかの言語においても，常に不可欠の概念と考えられてきた．

　このような背景のもとで，本書の第 I 部「音節とモーラの機能」（窪薗晴夫担当）では，分節音と韻律語 (prosodic word) の間に仮定されているモーラ，音節，フットという 3 つの音韻単位の役割を明確な形で論じている．第 1 章ではこれらの単位を定義し，続く第 2〜第 3 章では，なぜそのような単位を仮定する必要があるのか，そう仮定することによって言語現象がどのように一般化できるのかについて順次考察を加えている．モーラ言語とされる日本語と音節言語とされる英語を比較しながら，(i) 日本語にも音節という単位が不可欠で，英語でもモーラという単位が有意義な役割を果たすこと，(ii) その役割には日英語に共通した部分と言語個別的な

部分があることの2点をめぐって，さまざまな言語現象の分析をもとに入念な論証がなされている．アクセントや音声変化のような音声・音韻現象だけでなく，混成語や複合語をはじめとする語形成過程，言葉遊びや商品の宣伝文句に代表される言語文化，言い間違いや吃音のような心理言語学的証拠など，広範囲な言語事実・現象をもとにモーラと音節の機能を多角的に考察しているところに特徴がある．

本書の第II部「音節の理論と構造」（本間猛担当）では，まず第4章で英語の母音・子音と音節構造について概観することから論を説き起こしている．ついで，第5章では，聞こえ度に基づく音節理論の問題点をさまざまな角度から検討し，具体的に論じている．さらに第6章では，音節構造と有標性理論に目を転じ，Cairns (1988) の有標性理論に焦点を絞り，その理論によって説明される現象および新たに見えてくる現象に関して詳しい論を展開している．この有標性理論は，聞こえ度を基本にする理論よりも精密な記述ができることを論じている．最後の第7章では，最適性理論の基本的な考え方を概観した後，最適性理論に基づく音節理論を検討し，英語の「つなぎのR」と「挿し込みのR」に関する現象を多角的に考察し，ついで，[N]の分布上の特徴について，日英語の現象をもとに，興味ある説明を説得力のある形で提示している．

音節という単位は，おそらくすべての言語で必要とされる概念であるが，さらに数多くの言語における現象を詳しく分析し，その特質を明らかにする必要があろう．同様に，モーラという単位も，英語のような音節言語とされてきた言語でも必要であることなどを考え合わせると，かなり多くの言語で必要とされる概念であり，さらに深い検証が必要である．また，音節とモーラの関係に関するインターフェイスの理論も，さらに深く考察する必要があろう．

本書は，音節とモーラに関するさまざまな新たな知見と今後の研究の基盤となる情報で満ちあふれている．本書が契機となって，これら2つの単位に関する研究が，質量ともに増加し，今後さらに一層進展することを願ってやまない．

2002年3月

編　者

目　　次

まえがき　iii

第 I 部　音節とモーラの機能　　　　　　　　　　　　　1

第 1 章　音節とモーラの定義 ——————————————　3
　1.1　音韻論の基本単位　3
　1.2　3 種類の文字　4
　1.3　音節の定義　7
　　1.3.1　聞こえ度と音節構造　7
　　1.3.2　例　　外　10
　　1.3.3　二重母音と母音連続　13
　　1.3.4　音 節 境 界　15
　　1.3.5　綴り字と音節構造　17
　1.4　モーラの定義　17
　　1.4.1　形による定義　17
　　1.4.2　記述のレベルとモーラ性　20
　　1.4.3　形 と 機 能　23

第 2 章　音節の機能 ——————————————————　25
　2.1　分節と長さの単位　25
　2.2　音の分布と音節　27
　2.3　音 声 現 象　28
　2.4　英語のアクセントと音節　30
　　2.4.1　英語のアクセント表記　30
　　2.4.2　英語のアクセント付与規則　31

vi 目　次

  2.4.3　英語のリズムと音節　32
 2.5　日本語のアクセントと音節　36
  2.5.1　外来語アクセント規則　36
  2.5.2　複合名詞アクセント規則　39
  2.5.3　鹿児島方言のアクセント　41
 2.6　言葉遊びと音節　42
 2.7　頭　韻　文　化　45
 2.8　脚　韻　文　化　49
 2.9　言語変化と音節　51

第3章　モーラの機能 ──────────── 56
 3.1　モーラの役割　56
  3.1.1　音声的モーラと音韻的モーラ　56
  3.1.2　分節単位としてのモーラ　58
  3.1.3　モーラと表記法　59
 3.2　最小性制約　60
 3.3　最大性制約　64
 3.4　長母音化と短母音化　68
  3.4.1　英語の音量変化　69
  3.4.2　日本語の音量変化　73
 3.5　語形成とモーラ　76
 3.6　言葉遊びとモーラ　80
 3.7　アクセントとモーラ　82
  3.7.1　英語の名詞強勢規則　82
  3.7.2　英語の動詞・形容詞アクセント　84
  3.7.3　日本語のアクセント規則　85
  3.7.4　金次郎のアクセント　86
 3.8　言語変化とモーラ　90
  3.8.1　日本語の代償延長　90
  3.8.2　英語の代償延長　92

第 II 部　音節の理論と構造　　　　　　　　　　　　　97

第 4 章　英語の単語の音の並び ─────────── 99
- 4.1　英語の音素と音節構造　99
- 4.2　英語の音節構造　100
- 4.3　英語の分節音の目録　101
  - 4.3.1　英語の母音の目録　102
  - 4.3.2　英語の子音の目録　106
- 4.4　分節音の配列　111

第 5 章　聞こえ度に基づく音節の理論 ────────── 113
- 5.1　聞こえ度の尺度　113
- 5.2　音節の数と聞こえ度　114
- 5.3　聞こえ度に基づく理論の問題点　116
- 5.4　音節の鋳型と最小聞こえ度距離　119

第 6 章　音節構造の有標性理論 ──────────── 127
- 6.1　音節構造の理論　128
  - 6.1.1　音節構造の鋳型　129
  - 6.1.2　有標性と目録　131
  - 6.1.3　有標性と中和　134
- 6.2　英語の頭子音　140
- 6.3　英語の末尾子音　144
- 6.4　汎音節制約　150
- 6.5　ま と め　151

第 7 章　最適性理論と音節構造 ──────────── 152
- 7.1　最適性理論の基本　152
- 7.2　最適性理論における文法の仕組み　155
- 7.3　最適性理論の音節構造の理論　159
- 7.4　つなぎの R と挿し込みの R の類型論　162
  - 7.4.1　つなぎの R　162

7.4.2　挿し込みのR　　165
　　7.4.3　最適性理論と方言　　167
　7.5　[ŋ]と言語普遍性　　175
　　7.5.1　[ŋ]は語頭に生じない　　175
　　7.5.2　日本語のガ行鼻濁音　　176
　　7.5.3　英語の[ŋ]　　180
　　7.5.4　[ŋ]に先行する母音の音質　　190
　7.6　まとめ　　192

参考文献　　193
索　　引　　199

第Ⅰ部

音節とモーラの機能

第 1 章　音節とモーラの定義

　本書第 I 部では，分節音と（韻律）語の間に仮定されているモーラ，音節，フットという 3 つの音韻単位の機能を考察する．第 1 章ではこれらの単位を定義し，続く第 2～3 章では，なぜそのような単位を仮定する必要があるのか，そう仮定することによって言語現象がどのように一般化できるのかを，順次考察することにする．

1.1　音韻論の基本単位

　文の構造を考察する統語論では，文を節・句に分解し，さらに節や句を語に分解する．これが統語論における文の階層構造である．形態論では語を最大単位として，それを形態素という言語単位に分解する．これに対して音韻論では，文にほぼ対応する単位として発話（utterance）を仮定し，その下に節や句に対応するイントネーション句（intonational phrase）ないしは韻律句（prosodic phrase）という単位を想定する．また，形態論が問題とする「語」に対しては，韻律語（prosodic word）ないしは音韻語（phonological word）という単位を仮定する．

　ここまでは統語論や形態論とほぼ対応した構造であるが，語の内部構造では少し事情が異なってくる．形態論では語が形態素に分解されるのに対し，音韻論では韻律語の下に，フット（foot, 韻脚），音節（syllable），モーラ（mora），分節音（segment）ないしは音素（phoneme）という複数の単位を仮定する．逆の見方をすると，1 つ 1 つの音（分節音，音素）がまとまってモーラや音節が構成され，モーラや音節が集まってフットが作られ，フットのまとまりとして韻律語が構成されているのである．以上の

ことをまとめると，(1)のようになる．

(1)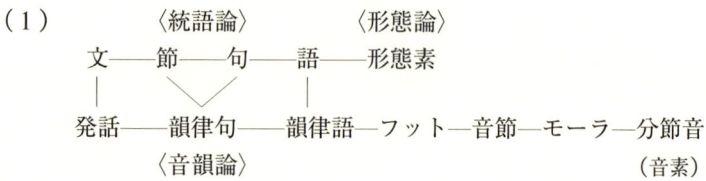

1.2　3種類の文字

音節とモーラの違いを理解するために，まず文字の問題を考えてみよう．人間の言語にはいくつか異なる種類の文字が存在しているが，音韻単位と対応しているのが (2) の3種類である．

(2)　a.　音素単位：　アルファベット，ローマ字(日本語)
　　　b.　音節単位：　ハングル(韓国・朝鮮語)，漢字(中国語)
　　　c.　モーラ単位：かな(日本語)，日本語点字，アラビア語

音素単位の文字で有名なのがアルファベットであり，これは英語をはじめとして多くのヨーロッパの言語で用いられている．また，この文字から発達したローマ字は，日本語をはじめとする言語において，補助的な文字として用いられている．このタイプの文字体系では，たとえば「きむら」を k-i-m-u-r-a という6つの文字で，[ten] という語を t-e-n の3文字で表記する．「きむら」という単語を構成する6つの音素——/k/, /m/, /r/ の3つの子音 (consonant) と /i/, /u/, /a/ の3つの母音 (vowel) ——に対して6つの文字を用い，[子音＋母音＋子音] (CVC) という構造の単語 ten に対して，t-e-n という3つの文字を用いるのである．

このように，音素1つに対して原則として1つの文字をあてる文字体系が，(2a) のタイプである．「原則として」と言ったのは，five [faɪv] の e のように対応する音素を持たない文字があったり，six の x [ks] や three の th [θ] のように，1文字＝2音素あるいは2文字＝1音素という対応関係が存在しているからである．しかし，このような例外的な対応が部分的にあっても，全体としては，1文字＝1音素という対応関係が原則と

なっている．

　これに対して(2b)と(2c)の文字体系は，音素のまとまりに対して1つの文字を与えるという原則をとる．(2b)の音節単位の文字体系では，[子音＋母音](CV)あるいは[子音＋母音＋子音](CVC)という，母音を中心とする音のまとまりに1文字を付与する．この体系をとっているのが，朝鮮語のハングル文字や中国語の漢字である．中国語から借用された日本語の漢字も，基本的には1文字＝1音節の原則に従う．ここで1音節と言っているのは，母音を中心とした音のまとまりであり，CVCVという構造の語は[子音＋母音]という音節が2つ結合したもの，CVCという語は全体で1音節を構成する語である．たとえば /kimura/ という3音節語では，[子音＋母音]という単位に1文字が与えられ，語全体が3文字で表記される．また /ten/ という CVC の構造は，1文字(たとえば漢字の「天」)で表記される．(3a)に朝鮮語のハングルの例を，(3b)に現代中国語の例を，(3c)に日本語の漢字の例をあげる．

　なお，ハングルは音節単位である一方で，音素に分解できるという特徴を持ち，/ki/ という音節であれば /k/ を表す記号と /i/ を表す記号を合体させて表す．また CVC という構造の音節(閉音節(closed syllable))は，CV の部分を上半分に，最後の子音(末尾子音(coda))を下半分に表記するか，もしくは C-V-C の各部分を縦に表記する．前者の CV-C という音節分割は，2.6節で述べる英語の音節構造(頭子音(onset)＋韻(rhyme))とは際だった違いを示している．(3c)の漢字の発音(音読み)では，日本語の音節構造に合わせるために母音((　)で囲ってある母音)が挿入されているが，日本語に入る前の中国語の発音には，この母音が存在しなかった．この挿入母音を除いてみると，1文字＝1音節という原則が貫かれていることがわかる．

　(3)　a.　ハングル(朝鮮語)

　　　　　김　　치　　　기　무　라
　　　　[kim] [tʃi]　　[ki] [mu] [ra]
　　　　（キムチ）　　　（木村）

6 第I部 音節とモーラの機能

  b. 漢字(中国語)
    你好   再見
    [ni hao] [tsai tʃien]
   (こんにちは) (さようなら)
  c. 漢字(日本語)
    東 京 外 国 語 大 学
   [toː] [kjoː] [gai] [kok(u)] [go] [dai] [gak(u)]

　最後に，(2c) にあげたモーラ単位の文字体系は，今述べた音節単位の文字を部分的に分解したような形態をとる．音節文字体系と異なるのは，[子音＋母音＋子音]という1音節をCVとCに分け，また[子音＋長母音(二重母音)]という1音節では母音を分割して，全体をCVとVという連続に分けて表記することである．この文字体系の代表が，(4a) に例示する日本語のかな文字(ひらがな，カタカナ)や，(4b) にあげた日本語の点字である(本間 1954)．

(4) a. かな文字(日本語)

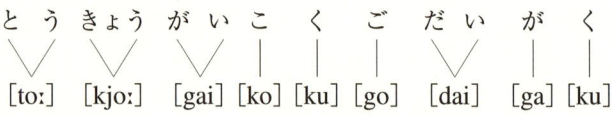

  b. 日本語点字

　ちなみに，「きゃ」「きゅ」「きょ」などは中国語から借用された拗音(ようおん)と呼ばれる音で，例外的に1モーラが2文字に対応する (⇒ 3.1.3)．またアラビア語の文字も，音の連続をモーラ単位に分かち書きする点では，日本語のかな文字と基本的に同じ構造を持っている．この言語では母音を表記せずに，CVの音連続にCだけの文字を用いるが，CV_iV_j や C_iVC_j の音節に対しては，それぞれ CV_j，C_iC_j という2文字を用いる (Ratcliff 2001)．つまり，最初のモーラの頭子音と2モーラ目の音(母音または子

音)とを結合して表記するのである．

以上述べてきた3種類の文字体系を，/ten/ という3音素からなる1音節語を例にまとめると (5) のようになる．音素単位では3文字，音節単位では1文字，モーラ単位では2文字で表記される．

(5) a. 音素文字　　　t-e-n
　　b. 音節文字　　　天
　　c. モーラ文字　　てん

この節では文字体系を使って，音素，音節，モーラという3種類の音韻単位を説明してみたが，文字体系の分類と音韻体系の分類が直接対応するわけではないことを強調しておきたい．たとえば，英語がアルファベットという音素単位の文字で表記されるからといって，音素という音韻単位が音節やモーラよりも重要な役割を果たしていることを意味しているわけではない．後述するように，音素単位の文字体系を有する英語でも，音節やモーラという音韻単位は重要な役割を果たすし，またモーラ単位の文字体系を有する日本語でも，音素や音節は不可欠である．

1.3　音節の定義

音節は「母音を中心とする音のまとまり」であると述べた．これは音節という単位を，その形 (form) に着目して定義したものである．言語単位には一般に，形に基づく定義と，機能 (function) に基づく定義の両方が存在する．機能に基づく音節の定義は次章で詳しく述べることにして，ここでは，形に着目した定義をもう少し詳しく見てみよう．

1.3.1　聞こえ度と音節構造

母音に子音が群がって1つの音節が構成される状態は，母親のまわりに子供たちが群がっている様子にたとえることができる．最も基本的な音節構造は，母親が子供1人を連れている状態，つまり [子音＋母音] (CV) という構造である．音節構造に最も強い制限を加える言語(たとえば古代日本語)には，この1種類しか存在しない．この音節構造はまた，言語獲得

の過程で乳幼児が最初に獲得する構造であると言われている（⇒ 2.9）．

　CV という構造に次いでよく現れるのが，子音を伴わない音節構造（つまり V）である．これは，子供を連れない母親にたとえることができる．また V と並んで，母音の前後に子音が付いた CVC という構造も，比較的基本的な音節構造である．

　V と CVC は，CV に次いで多くの言語に現れる音節構造であるが，言語によってはさらに複雑な構造も許容する．何が複雑になるかというと，母音の前後に子音が 2 つ，あるいはそれ以上連なるのである．このような子音の連続を，子音結合（consonant cluster）と呼ぶ．英語も複雑な音節構造を許容する言語の 1 つであり，CCCVCCC という構造まで許容する．しかし，このような複雑な音節構造を持つ言語であっても，その構造は無制限ではなく，いくつか厳密な制約に縛られている．その 1 つは，必ず CV や V，CVC という基本的な音節構造を有するということである．算数（数学）にたとえるならば，これはちょうど，三角関数のような複雑な計算ができる子供は，足し算や引き算のような基本的な計算もできるということである．つまり，複雑な音節構造を許容する言語は，その前提として単純な音節構造も有しており，複雑な音節構造だけを許容するような音韻体系は存在しない．英語の場合，表 1 に示すように，CV から CCCVCCC まで多様な音節構造が観察されるのである（派生や屈折の語尾がつくと texts [-ksts] や attempts [-mpts] のように，母音の後ろに 4 つの子音が続くこともある）(Hammond 1999)．

表 1　英語の音節構造

V-＼-V	-∅	-C	-CC	-CCC
∅	eye [aɪ]	ice [aɪs]	apt [æpt]	angst [ɑŋst]
C-	bay [beɪ]	lice [laɪs]	fact [fækt]	text [tekst]
CC-	tray [treɪ]	slice [slaɪs]	trust [trʌst]	glimpse [glɪmps]
CCC-	stray [streɪ]	street [striːt]	strict [strɪkt]	strengths [streŋθs]

複雑な音節構造そのものにも，強い制約が課される．母音の前や後ろに複数の子音が結合する場合，母音に近い位置には母音性の高い子音しか来ることができない．母音性が高いというのは，音を作り出すときに声道が広くなって，空気が比較的自由に流れていくことを意味する．音の中では，子音より母音のほうが声道が広くなる——口の開きが大きくなる——のであるが，子音の中にも声道が広くなるものと狭くなるものがあり，子音連続が生ずる場合には，母音性の高い子音ほど母音に近い位置に生じ，逆に母音性の低い子音は母音から離れた位置にしか生じない．母音性を尺度にして図示すると（6）のようになる．

（6）

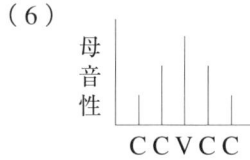

母音性の高い子音とは，具体的には［j］や［w］のような半母音（semivowel），［l］や［r］などの流音（liquid），そして［m］や［n］などの鼻音（鼻子音）(nasal) である．鼻音は，口の中に閉鎖を作って空気の流れをせき止めるものの，鼻のほうには自由に空気が流れていく．逆に母音性の低い(＝子音性の高い)子音は，［p］,［t］などの閉鎖音 (stop) や［s］や［z］のような摩擦音 (fricative)，［ts］や［tʃ］のように閉鎖音と摩擦音が連続する破擦音 (affricate) である．閉鎖音，摩擦音，破擦音の3つは阻害音 (obstruent) と総称され，空気の流れが一瞬せき止められたり，あるいは摩擦を生じるほどに大きく妨げられてしまうという性格を持っている．

（6）の構造をもう少し大ざっぱに捉えると，音節は口を開閉する動作に対応する．つまり，音節とは口をパクパク開閉する動作に対応し，1回の開閉によって1つの音節が作り出されるのである．

（6）に示した音節の構造をもう少し厳密に定義しようとして，母音性とほぼ同義の，聞こえ度 (sonority) という概念が使われることもある．聞こえ度とは，それぞれの音(母音や子音)が持っている固有のパワーを意味し，同じ強さで発音した場合に，どのくらいよく聞こえるかという聴覚的

な尺度によって測られる．同じ強さで発音したつもりであっても，母音や半母音などの音は遠くまで聞こえ，一方，摩擦音や閉鎖音は遠くまで聞こえない．この聞こえ度の尺度を用いて，音を特徴づけると (7) のようになる．

（7） 聞こえ度の尺度

　　　低　　　　　　　　　　　　　　　　　　　高
　　　←――――――――――――――――――→
　　　閉鎖音　摩擦音　鼻音　流音　半母音　母音

(6) に示した音節構造をこの聞こえ度という概念を用いて捉えると，音節は聞こえ度の低い子音から徐々に聞こえ度の高い子音へと推移し，最も聞こえ度が高い音である母音をピークにして，その後は聞こえ度の低い子音へと，徐々に聞こえ度を落としていく構造を有している．音節が持っているこのような構造は，聞こえ度配列原理 (Sonority Sequencing Principle) という概念で一般化されている．

ちなみに，3子音結合は一般に，最初の2子音と最後の2子音の結合制約に従う．つまり，C_iC_j と C_jC_k の結合が適格である場合に限り，$C_iC_jC_k$ という3子音結合が適格となる．しかし，C_iC_j と C_jC_k の結合がともに適格であっても，$C_iC_jC_k$ という3子音結合がすべて適格とは限らない．英語の末尾子音の場合，接尾辞なしの構造に限定してみると，具体的には次に示す3つのパターンしか許容されない：(a) [s] が閉鎖音に挟まれた構造 (text [-kst], midst [-dst])，(b) 鼻音＋(無声)閉鎖音＋[s] の構造 (glimpse [-mps], blintz [-nts], lynx [-ŋks]，(c) [l]＋2 阻害音(閉鎖音，摩擦音) という構造 (waltz [-lts], sculpt [-lpt], whilst [-lst])．このように，子音結合には強い制限が働いているのである．

1.3.2 例　外

音節は (6) のような秩序だった構造を有しているのであるが，個別言語の音節を見てみると，この構造に反するものもいくつか観察される．英語では [s] という子音が，しばしばこのような例外を作り出している．CCV- という構造でも CCCV- という構造でも，(8) のように，摩擦音で

ある [s] の後ろに，[s] より母音性(聞こえ度)の低い閉鎖音が生起する．母音より前の位置に，[sp-] や [st-] のような (6) の原理に反する子音結合が生じるのである．特に3子音が連続する CCCV- という構造では，最初の2子音は [sp-], [st-], [sk-] という (6) の原理に反する構造を持っている．

(8) a. CCV-　　spy, stay, sky
　　b. CCCV-　spray, street, scrap

[s] が例外的な振る舞いをするのは，母音の前だけではない．(9) に示すように，母音の後ろの子音結合でも，[s] は聞こえ度の原理に反する振る舞いを見せる．ここでは，[s] が聞こえ度のいちばん低い閉鎖音の後ろに出現している．

(9) a. -VCC　　lapse [-ps], blitz [-ts], fix [-ks]
　　b. -VCCC　glimpse [-mps], blintz [-nts], Manx [-ŋks]

(8), (9) の子音結合は，[s] という子音が示す特殊な振る舞いを表している．[s] は舌頂性 (coronal) という特性を持った子音で，この特性を持つ子音は，他の言語でも特殊な振る舞いを示すことが報告されている (Paradis and Prunet 1991)．

[s] を含む子音結合と並んで，英語ではもう1つ，母音を持たない音節の存在も (6) の構造に反するように見える．具体的には，(10) にあげる2音節語の中の下線部である．

(10) a. [Cl]　apple, double, castle, noodle, jungle, evil, puzzle
　　 b. [Cm]　rhythm, prizm
　　 c. [Cn]　sharpen, often, cotton, button, listen, cousin, prison

jungle という語を例にとると，語全体が (11) のような構造を有している．

(11)

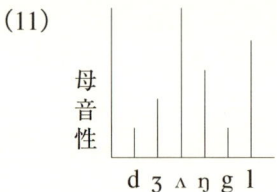

　この jungle という語は，英語話者の直感でも，あるいは言語現象における振る舞いを見ても，student や teacher などと同じく 2 音節の長さを有している．このことは，(11) に示した母音性(聞こえ度)の構造とも一致しているが，student などの語と異なる点は，2 音節目のピークを作っているのが母音ではなく，[l] という子音であるということである．(10) にあげた 2 音節語の第 2 音節はすべて，このように母音を持たず，子音が音節の中心となっている．このように音節の中心となる子音を成節子音 (syllabic consonant) と言うが，このタイプの子音はすべて母音性の高い子音である．(10) の語でも，[l], [m], [n] という母音に近い特性を持った子音が，音節の中心となっている (発音表記では [l̩], [m̩] のように通常の発音記号の下に [̩] という補助記号を付けて表記される)．たとえて言えば，母親(母音)がいなくなった家庭(音節)において，年長の子供(母音性の高い子音)が母親の代わりを務めているという構造である．母音に代わって子音が音節の中心となっている点では，やや不規則な構造に見えるが，(6) に図示した母音性の構造とは，けっして矛盾するものではない．
　ちなみに，子音が音節の中心となる現象は，英語だけに見られるものではない．北アフリカで話されているベルベル語 (Berber) では，母音をまったく含まない (12) のような語が観察され，これらの語では母音性の高い子音(下線)が，母音に代わって音節のピークを構成している (Prince and Smolensky 1993)(ピリオドは音節境界を示す)．なお，[x] は Bach (バッハ)や Loch Ness (ネス湖)の下線部と同じ発音(無声軟口蓋摩擦音)を表す．

(12)　tx̩.znt　'you stored'
　　　tr̩.glt　'you locked'

1.3.3 二重母音と母音連続

音節を定義するうえでもう1つ問題となるのが，二重母音（diphthong）と単なる母音連続の区別である．母音連続の中で，単一の音節におさまるものを二重母音と呼ぶ．どのような母音連続が同じ音節におさまるかは，形と機能の両面から検討しなくてはならない．

形という点では，まず母音連続（V_iV_j）の最初の母音（V_i）が，後ろの母音（V_j）よりも聞こえ度（母音性）が高いかどうかが問題となる．母音の聞こえ度は，子音の聞こえ度と同じように，発音時の声道の広さと相関する．口が大きく開いて空気が自由に流れ出る母音ほど，聞こえ度が高いのである．日本語のような /a/, /i/, /u/, /e/, /o/ という5母音体系を例にとると，口の開き具合によって（13）のような聞こえ度の違いが生じる．

(13)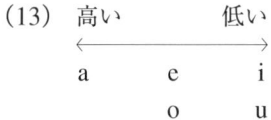

二重母音の条件を満たすのは，一般に V_i が V_j よりも聞こえ度が低くない母音連続である．この条件を満たすのは，具体的には（14）のような母音連続である．/ia/, /ua/ はこの条件を満たさないが，/a/ があいまい母音 [ə] として発音される場合には，二重母音として機能する可能性が出てくる．

(14)　ai, au, ae, ao, ei, eu, oi, ou, eo, oe, iu, ui

では（14）の母音連続が常に二重母音かというと，そういうわけではない．ひとつには，聞こえ度の条件は段階的なものである．（14）の母音連続の中でも，V_i と V_j の聞こえ度の差が大きいものほど，二重母音になりやすい．具体的には，[ai] と [au] が二重母音になる条件を最も備えており，逆に，[eo], [oe], [iu], [ui] のように聞こえ度の差が小さいものは，二重母音になりにくいのである．

さらに，聞こえ度の基準は二重母音を定義する必要条件であり，十分条件ではない．聞こえ度以外の条件としては，同一の形態素に属するという

条件がある．たとえば「目医者」「歯医者」には [ei], [ai] という母音連続が含まれているが，これらを二重母音と認定することはむずかしい．「にわか雨」の [...kaa...] や「里親」の [...too...] が長母音になりにくいのと同じように，形態素境界を含む母音連続は，その境界部分に発音の小さな切れ目が来ることが多く，二重母音にはなりにくい．もっとも，発話速度が速い場合やぞんざいな発音では，「目医者」が「めーしゃ」と長母音(つまり同一音節)で発音されることもある．「にわか雨」や「里親」の母音連続も同じである．

以上述べてきたことが「形」の面から見た二重母音の条件であるが，これらの条件をすべて満たせば必ず二重母音であるというわけでもない．音節という言語単位に，「形」から見た定義と「機能」から見た定義があることと対応して，特定の母音連続が同じ音節に属するかという議論も，「形」だけでなく，その母音連続が特定の言語体系においてどのように「機能」しているかという点からも検討する必要が出てくる．

たとえば「語末音節を高く発音する」というアクセント規則を持つ言語(たとえば日本語の鹿児島方言)で，語末音節が [ao] のような母音連続を含む場合，(15) に示す2通りの可能性が出てくる．(15a) は [o] だけが高くなる発音で，(15b) は [ao] がともに高くなる発音である．(15a) の発音は，[ao] が2音節であり，最終音節 ([o]) だけが高くなっていることを示しており，一方 (15b) の発音は，[ao] が1音節として振る舞っていることを示している．このようなアクセント規則から見ると，後者の [ao] だけが二重母音で，前者は単なる母音連続にすぎないということになる．

(15) a. sa‾|o‾
　　　b. sao‾

ちなみに，鹿児島方言の [ao] という母音連続(たとえば「青」「竿」)は，まさに (15a) のような2音節としての振る舞いを見せる．[ao] という母音連続が，「形」のうえでは二重母音としての資格を持ちながらも，特定言語の体系の中では2音節として機能しているのである．

このような機能上の振る舞いと関連してくるのが，母音連続の歴史である．たとえば，日本語の和語（大和言葉）に生ずる母音連続のほとんどは，子音の脱落によって生じたものである．たとえば，「貝」や「鯉」はもともと，/kahi/, /kohi/ という2音節の構造を有しており，語中子音脱落という歴史的な音変化によって，/kai/, /koi/ という母音連続を含む構造に至っている．このように2音節に由来する母音連続は，現代語の体系の中でも2音節として振る舞うことが珍しくない（Kubozono 2001a）．

二重母音か否かという問題は，最終的には体系上の機能という観点から検討しなくてはいけない問題である．「形」による定義は，言語一般に共通する必要条件を規定するものであり，一方「機能」による定義は，個別言語の体系における振る舞いをもとに決定されるものである．「形」による定義と「機能」に基づく定義は，ほとんどの場合に一致するが，（15a）に示した例のように一致しない場合もあるので，注意が必要となる．

1.3.4　音節境界

二重母音の問題と関連して，英語学習者の頭を悩ますのが，音節区分(syllabification)の問題である．単音節語の場合には音節境界は問題とならないが，複数の音節からなる語では音節と音節の境界がどこにあるか，わからなくなることが少なくない．音節の構造を（11）のように図式化しても，音節の境界がどこにあるかまでは示してくれない．blackboard のような複合語（つまり，2語が結合してできた語）では，意味（形態素）の切れ目があるために，その切れ目を音節境界とみなすことになるが，このように簡単に音節境界が決まる例は，むしろ少ないのである．

jungle という2音節語では，（11）にあげた図式から（16）に示す3通りの音節区分が考えられる．

(16)　a.　ju.ngle
　　　b.　jun.gle
　　　c.　jung.le

このうち [ŋgl] という3子音連続は，英語では音節初頭の子音結合と

して許容されない（たとえば [ŋgl] で始まる語は存在しない）ため，(16a)の音節区分は不可能となる．また [ŋg] という子音結合で終わる音節（または語）も存在しないことから，(16c) の区分もありえない．この結果，(16b) に示した jun.gle [dʒʌŋ.gl] という音節区分が唯一の候補として残るのである．

student という 2 音節語は，母音と母音の間に子音を 1 個しか含まないために，その子音がいずれの母音と結合するかが問題となる．jungle の場合とは違い，[d] で始まる音節も [d] で終わる音節も英語では許容されるため，(17a), (17b) の 2 通りの音節区分が可能となってしまう．

(17)　a.　stu.dent
　　　b.　stud.ent

このような場合に用いられるのが，最大頭子音原理（Maximal Onset Principle）である．つまり，母音で始まる音節よりも子音で始まる音節のほうが基本的であるという一般的な観察に基づき（Prince and Smolensky 1993）(⇒ 2.9)，(17a) の音節区分が妥当ということになる．同じ理由から，suppose は [sə.pʊz] のように音節区分される．綴り字上で音節区分する必要がある場合には，重子音字(同じ子音字の連続)を 2 つに分けて，sup.pose のように表記される．

音節区分は，語強勢の位置とも関わっている．たとえば Japan という語は，最大頭子音原理に従って Ja.pan と区分されるが，その形容詞形である Japanese はこの原理に従って Ja.pa.nese と区分されるのではなく，通常は Jap.a.nese と区分される．これは強勢の位置による変動であり，Japanese は第 1 音節に第 2 強勢（secondary stress）があるため，この強勢音節を最大限に——正確には 2 モーラ(以上)の長さに——しようとして，Jap.a.nese という区分が採用されるのである (⇒ 3.4)．America という 4 音節語が，A.me.ri.ca ではなく一般に A.mer.i.ca と音節区分されるのも，同じ理由による．

これ以外でも，音節区分がわかりにくい語は少なくない．わからない場合には，辞書（たとえば *Longman Pronunciation Dictionary* 1990 / 2000）

で調べるのがいちばん手っ取り早い方法であるが，同じ語でも辞書によって音節境界が異なる場合もあるので，注意が必要である．音節境界がどこにあるかは，ネイティヴスピーカーによって若干直感が異なることもあり，一筋縄ではいかない問題である．

しかし，このように音節区分にあいまい性が残ったとしても，それが音節という単位を否定する議論につながるわけではない．たとえば，中国とロシアの国境に部分的にあいまいなところがあったとしても，中国とロシアという2つの独立国が存在することには変わりない．2つの領域の境界があいまいであることが，それらの独立性を否定する根拠にはならないのである．

1.3.5 綴り字と音節構造

最後に，音節構造は発音に関する構造であり，綴り字上の構造ではないことを確認しておきたい．ten という語のように，文字と発音が対応する場合——つまり1音素に1文字が対応する場合——には，綴り字上の母音字 (a, e, i, o, u, y) を見てその数を数えると，音節の数を推定できる．ところが，英語では文字と発音が1対1の対応関係を示さないことも多く，そのような場合には，綴り字を見ただけでは音節の数が推定できない．たとえば (18) にあげる語では，語末の -e が発音されないために（語末の -e はかつて発音されていた時代のなごりである），この部分を1音節に数えることはできない．(18a) は綴り字上は2音節に見えても，実際の発音では1音節であり，(18b) は3音節に見えても，実際は2音節である．

(18) a. one [wʌn], five [faɪv], nine [naɪn]
　　 b. divine [dɪ.vaɪn], believe [bɪ.liːv], survive [sə.vaɪv]

1.4 モーラの定義

1.4.1 形による定義

1.2 節においてモーラ単位の文字体系を解説するさいに，モーラは音節を部分的に分解した単位であると説明した．たとえば CVC という音節であれば，CV と C に分解し，長母音や二重母音を含む CVV という構造

であれば，CV と V に分解する．そのように分解された，それぞれの部分をモーラと呼ぶのである．

　これは，モーラという音韻単位をその形に着目して捉えたものであり，日本語と英語のモーラを論じる限りでは，妥当な定義と言える．しかし，モーラは音節とは異なり，形をもとに一義的に定義することはなかなかむずかしい単位である．もともと，モーラという用語はラテン語に由来する語で，西洋古典詩における音節の長さを記述するために使われたものである．言語学で用いられるときにも，「（音節より小さな）長さの単位」と定義されることが多い．つまり，最初から単語や音節の長さを測る単位として定義されている概念なのである．

　この長さの単位としての mora は，日本語では「音節」と訳されることが珍しくなかった．英語などで単語の長さを測るときには音節（syllable）で数え，一方，日本語では mora で測る（たとえば「東京」という語は 2 つではなく 4 つの長さの単位からなっている）という対応関係を示すことから，「長さを測る単位」＝「音節」という等式で mora を「音節」と訳し，「東京」を 4 音節語と定義していたわけである．しかし最近の研究によると，「東京」を /too-kyoo/ の 2 単位と数えることにも言語学的な意味があり，この大きな単位が，形のうえでも英語の syllable にほぼ対応することが明らかになってきた．このことから，日本語の長さの単位に対して（英語の syllable の訳語である）「音節」という用語を用いず，「音節」より小さな単位である「モーラ」と呼ぶようになってきている．日本語でも英語でも，syllable（音節）と mora（モーラ）を別の概念として捉えようとしているのである．英語の syllable は，形のうえでも機能的にも，日本語で「東京」を 2 分割した単位とほぼ一致し，また英語の mora は「東京」を 4 分割した単位に相当することから，本書でも「音節」と「モーラ」を区別し，「東京」という語は 2 音節，4 モーラの長さを持つというように，この 2 つの用語を用いる．また，この「モーラ」という用語は，日本語では「拍」と訳されることが多いが，そうすると音楽の「拍」という概念と混同されてしまうため，本書では「モーラ」という用語を用いる．

　ところで，アメリカの音声学者 K. L. Pike はその著書 *Phonemics* の中

で，本書でモーラ，音節と呼ぶ日本語の単位をそれぞれ音韻的音節 (phonemic syllable)，音声的音節 (phonetic syllable) と呼んでいる．これは，音節という単位が単に音声的な意味しか持たず，日本語の音韻体系の中では有意義な単位ではないということを含意した呼び方である．この考え方が間違っており，音節もまた日本語の音韻体系の中で不可欠な単位であることが，最近の研究によって明らかにされている．

「モーラ」という用語をこのように理解したうえで，長さの単位としてのモーラを日本語の地名を使って説明してみよう．

「東京」という語は「奈良」と同じく2音節語であり，「広島」という語 (4音節語) とは音節数において異なっている．ところが，日本語の感覚を持った人ならわかるように，「東京」は語の長さという点では，「奈良」よりむしろ「広島」と共通点を持っている．指折り数えてみると，「東京」と「広島」は4つ分の長さを持ち，一方「奈良」は2つ分の長さしか持っていない．この長さの単位がモーラである．同じように数えてみると，「関西」も2音節 (/kan.sai/) ながら4モーラの長さを持ち，「大阪」は3音節 (/oo.sa.ka/) で4モーラの長さを有している．「京都」は2音節 (/kyoo.to/) で3モーラの長さである．まとめると次のようになる．

(19)   音節数 モーラ数

	音節数	モーラ数
奈良	2	2
京都	2	3
東京	2	4
関西	2	4
大阪	3	4
広島	4	4

(19) の例は，モーラを音節から区別して考える好例であるが，モーラ数の認定が常にこのように明確にできるわけではない．一般に，音節から独立した音韻単位としてモーラを想定できるのは，長母音 (V_iV_i) と短母音 (V) の区別，単母音 (V) と二重母音 (V_iV_j) の区別，あるいは母音で終わる音節 (開音節 (open syllable)，CV) と子音で終わる音節 (閉音節，

CVC) の区別を有する言語である．これらの区別をまったく持たない言語は，CV (あるいは CV と V) という基本的な音節構造しか許容しないため，音節を複数の長さの単位に分解することはできない．CV と V (たとえば日本語の「手」と「絵」)は，モーラで数えても同じ 1 モーラであるため，音節とモーラを概念的に区別したとしても，実際に指示するものは同じという結果になる(このように，母音の前の子音――頭子音――は音節の長さには関与せず，このため日本語の「手」(CV) も「絵」(V) も，音韻的には 1 モーラの長さしか持たない)．その言語の単語が，「広島」という語のようにすべて CV 音節の繰り返しからなる語であれば，すべての語において音節数とモーラ数が一致することになり，音節とモーラを区別して考える根拠がなくなってしまう．後述するように，古代日本語はまさにこのような体系の言語である (⇒ 3.4.2; 3.8.1)．

1.4.2 記述のレベルとモーラ性

現代の日本語や英語は，開音節 (「手」，tea [tiː]) だけでなく閉音節 (「天」，ten [ten]) も許容し，また(少なくとも音韻レベルでは)短母音に加えて長母音や二重母音も許容する．それゆえ，(19) のようにモーラと音節を区別して考える条件が整っている．しかし，このような形式上の条件を満たすすべての言語にモーラ性があるかというと，そういうわけでもない．たとえば鹿児島方言には，CV と並んで CVC や CVV という音節構造が存在しているが，この方言では CVC や CVV が CV と同じ機能しか果たさず，「手」のような 1 モーラ音節と「天」のような 2 モーラ音節を区別して考える必要性は見あたらない (⇒ 2.5.3)．この方言では，音節という単位だけが重要であって，モーラという単位を仮定する根拠は見あたらないのである．

モーラをめぐる問題は，さらに，その単位がただ必要かどうかという単純な議論ではなく，どのレベルで，どのくらい必要かという複合的な視点から考察しなければならない．モーラを規定するさいには，少なくとも音声的なレベルと音韻的なレベルを区別して考える必要がある．たとえば日本語の東京方言では，モーラが音声的なレベルで等時性(時間的な等間隔

性)を持っており,「東京」のような4モーラ語は「奈良」のような2モーラ語の,ほぼ2倍の長さで発音される.発話リズムが,モーラという単位で規定されるのである——このようなリズムをモーラ拍リズム（mora-timed rhythm あるいは mora timing),そのようなリズムを持つ言語をモーラ拍言語（mora-timed language）と呼ぶ.さらに東京方言では,アクセントや他の音韻現象の記述にも,モーラという単位が不可欠となる（⇒ 第3章).つまり,東京方言は,音声的にも音韻的にもモーラ性の強い言語である.

これに対し,英語には,日本語のようなモーラを単位とした発話リズムは観察されない.たとえば,短母音を含む閉音節(たとえば bid, fit)と長母音を含む閉音節(たとえば bead, feet)は,後述するように音韻的にはそれぞれ2モーラ,3モーラの長さを持っているが,音声的に2:3の長さの違いを持つかというと,そういうわけではない.両者の間には,音声的には大した長さの違いはない.つまり,音声レベルでは英語はモーラ言語ではないのである.

しかし,英語の記述にモーラという概念が不要かというと,そういうわけでもない.アクセント規則をはじめとする音韻規則を見てみると,音節と並んでモーラが有意義な単位として機能していることがわかる（⇒ 第3章).つまり,英語は音声的なレベルではモーラ性を持たなくても,音韻的なレベルではモーラ性を持っており,音韻的には CVC や CVV という音節が CV の2倍の長さを持っているのである.

ここで誤解を招かないように再度述べておくと,英語のモーラは,実時間レベルで等時性を持つ単位ではなく,CVC や CVV が CV の2倍の時間長を持つわけではない.たとえば長母音（bead, pool）と短母音（bid, pull）を比べてみると,たしかに前者のほうが後者よりも若干長くなる傾向はあるが,その差は大したものではない（Gimson 1943 / 1973; 枡矢 1976; 窪薗 1983).現代英語においては,両者の違いはむしろ音質(=音色)の違い,あるいは調音方法の違いであり,いわゆる長母音のほうが短母音よりも,調音器官の緊張を伴って発音される.このため英語音声学では,前者を tense vowel（張り母音または緊張母音),後者を lax vowel

(緩み母音または弛緩母音)と呼んで区別している．音声学的には，張り母音・緩み母音という呼び方のほうが妥当なのである．にもかかわらず，本書が長母音・短母音という伝統的な名称を用いるのは，両者が音韻的には長さの対立を示すからである．つまり，長母音を含む音節は二重母音を含む音節と同じ長さを持つように振る舞い，一方，短母音を含む音節はそれより短い単位として振る舞う．本書が伝統的な長母音・短母音という用語を用いるのは，このような音韻的な分析をもとにしている．

　話を元に戻して，音声レベルと音韻レベルを分けて考えると，表2のような類型が可能となる(○はモーラという単位が不可欠であることを，×はそうではないことを意味する)．東京方言のように，モーラが音声レベルでも音韻レベルでも不可欠な言語がある一方で，音韻レベルだけ不可欠な言語(たとえば英語)や，いずれのレベルでも必要とされない言語(たとえば鹿児島方言)が存在する．ちなみに，音声レベルでモーラが必要な言語は，音韻レベルでも必要と思われる．つまり，音声レベルのモーラ性は，音韻レベルのモーラ性を含意するようである．

表2　モーラ性の分類

音韻レベル \ 音声レベル	○	×
○	東京方言	英語
×	───	鹿児島方言

　伝統的な研究では，言語をモーラ言語と音節言語に区分し，たとえば日本語(東京方言)はモーラ言語，英語は音節言語というように，二分法で分類していた(Trubetzkoy 1958 / 1969)．しかし上で述べたように，モーラ性の問題はそのような単純なものではなく，レベル別の認定が必要となる．加えて，この伝統的な言語類型に対しては，モーラと音節が二者択一的な単位ではないということも明らかになってきている(窪薗・太田 1998)．同じ音韻レベルの分析であっても，モーラと音節の両方が必要と

なることは多く，たとえば英語のアクセント規則でも日本語のアクセント規則でも，モーラと音節の両方の概念を用いて，はじめて有意義な一般化が可能となる（⇒ 2.4; 2.5; 3.7）．このように，モーラを必要とすることと音節を必要とすることは，相容れないことではないのである．

1.4.3 形と機能

1.4.1 節において，モーラ性を持つ言語では CVV や CVC が 2 モーラ，CV が 1 モーラであると定義した．この「形」による定義は 1.4.2 節で見た機能による定義と多くの場合に一致するが，そうでない場合も散見される．つまり，音節から独立した単位としてモーラが機能する言語では，CVV や CVC が CV の 2 倍の長さ——音声的な長さ，あるいは音韻的な長さ——を持つことが多い一方で，音節構造とモーラ構造(モーラ数)の対応関係がもう少し複雑な場合も観察されている．

アクセント規則などを考察してみると，CVV や CVC が 2 モーラの長さを持つかどうかは，基本的に，VV や VC の部分(これを韻＝ライム(rhyme)と言う)の聞こえ度の度合いと関係する．たとえば，CVC よりも CVV という構造の音節のほうが，2 モーラの音韻的長さ——つまり CV の 2 倍の長さ——を示すことが多い．これは，母音（CV$\underline{V}$）のほうが子音（CV$\underline{C}$）よりも，聞こえ度が高いということと相関する．また同じ CVC という構造でも，末尾子音に流音（[l] や [r]）や鼻音（[m] や [n]）をとる音節のほうが，阻害音(閉鎖音や摩擦音)のような聞こえ度(母音性)の低い子音をとる音節よりも，2 モーラの音韻的長さを示すことが多い．さらに，同じ CVV という構造でも，二重母音を含むもの (CV$_i$V$_j$) の音節が，長母音を含むもの (CV$_i$V$_i$) よりも 2 モーラの音韻的長さを持つことが多い(ただし，この二重母音と長母音の違いが聞こえ度と直接関係するかどうか，定かではない)．まとめると，(20)に示す順番で，2 モーラとして機能する可能性が高くなるのである（N は流音や鼻音を，O は阻害音を意味する．また A > B は，A が B よりも 2 モーラの可能性が高いことを意味する）．

(20)　　$CV_iV_j > CV_iV_i > CVN > CVO$

(20) に示した音節の内部構造によるモーラ性の差異は，同一言語の中で観察されることもあり，また言語間で観察されることもある（窪薗 1999a）．Zec (1995) の研究によると，CVO が 2 モーラとして振る舞う言語では，必ず CVV (CV_iV_i, CV_iV_j) や CVN も 2 モーラとして振る舞い，CVN が 2 モーラとして機能する言語では，CVV も同じように機能すると言う．その一方で，CVV が 2 モーラとして機能するからといって，必ずしも CVN や CVO が 2 モーラとして機能するとは限らず，また CVN が 2 モーラの長さを持つからといって，CVO も同じであるとは限らないと言う．以上の観察をもとに，言語を分類してみると次のようになる．

表3

音節タイプ＼言語タイプ	A	B	C	D
CVV (e.g. [kai], [ka:])	2モーラ	2モーラ	2モーラ	1モーラ
CVN (e.g. [kan])	2モーラ	2モーラ	1モーラ	1モーラ
CVO (e.g. [kat])	2モーラ	1モーラ	1モーラ	1モーラ
CV (e.g. [ka])	1モーラ	1モーラ	1モーラ	1モーラ

アクセントなどの音韻現象をもとに言語を分類すると，英語や日本語の東京方言は A のタイプに属し，鹿児島方言は D のタイプに属することになる．上で述べたように，D のタイプは，音節とモーラを区別する根拠の見あたらない言語である（B，C のタイプの言語については Zec (1995)，Hayes (1995) を参照）．

第2章 音節の機能

1.3節で音節を定義するさいに、この音韻単位は基本的に口を開閉する動作に対応し、母音性や聞こえ度のような、やや抽象的な概念で定義できることを示した。しかし、特定の言語単位が定義できることと、その単位が必要であることとは同義ではない。この章では、音節という言語単位が、具体的な言語現象の記述にどのような役割を果たすか検討しながら、この単位を仮定しなければならない理由を考察する。

2.1 分節と長さの単位

音節という単位は、英語母語話者にとって直感的に理解できる単位である。というのも、単語を切って発音しなければならないとき、彼らは通常、音節を単位に区切るという方策をとる。Japan という語であれば、Ja-pan [dʒə.pæn]、China であれば Chi-na [tʃaɪ.nə] と区切って発音する。Ja-pa-n のようにモーラ単位に区切ったり、J-a-p-a-n のように音素単位に区切ったりはしないのである(ただし単語の綴り字を言う場合には、後者のような音素単位(文字単位)の分節を行う)。また、日本語話者であれば strike や street という英語の単語を、モーラ単位に細かく分節するかもしれないが、英語話者にとっては、これらの1音節語は分割不可能な語である。音節構造がやや複雑であっても、1音節語には音節境界がなく、したがって分節することはできない。強いて分節させると、/s-t-r-aɪ-k/ のように音素単位(あるいは文字単位)で分節するかもしれないが、これは自発的な分節ではない。

単語を音節単位に分節する習慣は、歌謡の構造にもよく現れている。英

語の歌では，1つ1つの音符の長さに関係なく，音節ごとに音符が付与されるのが基本である．つまり，次の楽譜からもわかるように，1音節＝1音符という原則に従って歌詞にメロディーが付けられている．作曲家は，歌詞（単語の連続）を音節に区切ってメロディーを付与し，また一般の人も同じ分節方法でその歌を歌っているわけである（Ev'ry は Every の縮約形，つまり語中母音が脱落して2音節化していることを明示した形である）．

英語の歌（'Edelweiss'）

分節単位であることと関連して，音節は英語の単語の長さを測る単位と

しても用いられる．Japan や China が 2 音節の長さを持つのに対し，America は 4 音節の長さを持つというのが英語話者の直感である．もっとも，長さの単位としての音節が，実際の発音において等時的な性格を持っているわけではない．日本語のモーラとは違い，4 音節語の America が，2 音節語である Japan の 2 倍の長さで実際に発音されるわけではないのである（⇒ 1.4.2）．ここで「長さを測る単位」と述べたのは，音声的な長さという意味ではなく，音韻的な長さである．別の言い方をすると，音節は，英語話者が持っている単語の長さに関する抽象的な直感を記述する単位なのである．

この直感的な長さの単位が，伝統的な英詩の構造に直接取り込まれている．たとえば (1) にあげるシェイクスピアの詩は，各行が 10 音節で構成される弱強 5 歩格（iambic pentameter）という韻律構造を有している．この構造は，詩を詠む人とその詩を読む人の中で，音節が長さの基本単位として機能していることを示唆している．

(1)　'Shakespeare's 18th Sonnet'
　　　Shall I compare thee to a summer's day?
　　　Thou art more lovely and more temperate:
　　　Rough winds do shake the darling buds of May,
　　　And summer's lease hath all too short a date:
　　　……

2.2　音の分布と音節

音節という単位を仮定しなければならないもう 1 つの大きな根拠は，単語の中における子音の分布である．CVC という構造の英語の 1 音節語を考えた場合，ほとんどの子音は，語頭にも語末にも生起する．ところが /h/ という子音は語頭にしか生起せず，逆に /ŋ/ という子音は語末にしか生起しない．hit [hɪt] はあっても，tih [tɪh] は存在せず，sing [sɪŋ] はあっても ngis [ŋɪs] は許容されないのである．

これは，英語の子音の生起環境に関する決まりであるが，単語レベルの制約かというとそうではない．$CVC_iC_jV(C)$ という 2 音節語を考えてみ

ると，C_i の位置に /h/ は生起せず，また C_j の位置に /ŋ/ は生起しない．他の子音(たとえば /p/)が，C_i, C_j いずれの位置にも生起するのとは対照的である．以上の分布をまとめると次のようになる．

(2)　　　　　CVC　　CVC　　　CVCCV(C)　　CVCCV(C)
　　　/p/　　pit　　　tip　　　　pulpit　　　　tipsy
　　　/h/　　hit　　　—　　　　adhere　　　　—
　　　/ŋ/　　—　　　sing [sɪŋ]　　—　　　　　finger [fɪŋgə]

音節という単位を認めないならば，/h/ と /ŋ/ が (2) のような分布を示す事実を一般化できない．つまり，/h/ が語末に生起しない事実と，$CVC_iC_jV(C)$ の C_i の位置に生起しない事実に対して，別々の説明をしなければならなくなってしまう．/ŋ/ の場合も同じである．これに対して，音節という単位を導入すれば，(2) の事実はすべて，音節構造における /h/ と /ŋ/ の生起制限という形で説明できるようになる．(3) のように音節境界 (.) を挿入してみるとわかるように，/h/ が語末と $CVC_iC_jV(C)$ の C_i の位置に生起しないのは，その位置がともに末尾子音の位置だからであり，また /ŋ/ が語頭と $CVC_iC_jV(C)$ の C_j の位置に生起しないのも，この子音が頭子音の位置に生起できないからである．

(3)　　　　　CVC　　CVC　　　CVC.CV(C)　　CVC.CV(C)
　　　/p/　　pit　　　tip　　　　pul.pit　　　　tip.sy
　　　/h/　　hit　　　—　　　　ad.here　　　　—
　　　/ŋ/　　—　　　sing [sɪŋ]　　—　　　　　fin.ger [fɪŋ.gə]

このように /h/ と /ŋ/ の特異な生起分布は，単語を音節という単位に分割して音節内での生起位置を考察してみると，単純な法則で説明できるようになる．

2.3 音声現象

次に，音声学的な観点から音節の役割を見てみよう．英語をはじめとする多くの言語では，音節の核となる母音の長さが音節構造によって微妙に

変化する．一般に，同じ母音であっても閉音節(子音で終わる音節)の母音のほうが，開音節(母音で終わる音節)の母音よりも時間的に短くなる．たとえば，bead や beat の [iː] のほうが bee の [iː] よりも音声的に短いのである．この現象は，閉音節短母音化 (closed syllable (vowel) shortening) という名前で知られている (⇒ 3.4)．

閉音節の中にも，類似の差異が見られる．有声閉鎖音で終わる場合(たとえば bead)と，無声閉鎖音で終わる場合 (beat) を比較してみると，前者の [iː] のほうが後者の [iː] よりも若干長くなる．開音節の場合もあわせて比較してみると，各語の母音の長さに (4) のような違いが見られるのである．

(4) bee > bead > beat

このような音声的な差異は，耳で聞いただけではわかりにくいかもしれないが，音声分析装置を用いて測定してみると，容易に確認できる差異である．しかし，そのような微妙な違いであっても，英語母語話者が母音の長さを制御した結果であり，英語の発音の一部となっている．

ではなぜ(4)のような違いが出てくるかというと，強勢拍リズム (stress-timed rhythm あるいは stress timing) である英語でも，同一条件下では音節の長さを一定に保とうとする力が働くからである．具体的には，単語内の音節数といった条件が同じであれば，[母音＋子音]——韻——の長さを一定に保とうとする力が働いているのである．末尾子音の部分が長くなればなるほど母音は短くなり，逆に子音が短くなるにつれ母音が長くなる．このような補償効果が，音節の核となる母音とそれに後続する末尾子音との間に観察されるのである．それゆえ，開音節の母音のほうが，子音がない分だけ閉音節の母音より長くなり，また，有声閉鎖音が無声閉鎖音よりも音声的に短いために，同じ閉音節であっても有声閉鎖音に先行する母音のほうが，無声閉鎖音に先行する母音よりも長くなる．この関係を図示すると (5) のようになる．

(5)　　　　　　　 C　V　(C)
　　　bee　　　|---|------------|
　　　　　　　　　b　　i:
　　　bead　　　|---|----------|--|
　　　　　　　　　b　　i:　d
　　　beat　　　|---|---------|----|
　　　　　　　　　b　　i:　t

　ちなみに，(5)のような補償効果は日本語には観察されないようである．CV と CVC はモーラ数において異なっているのであるが（CV は 1 モーラ，CVC は 2 モーラ），モーラ拍リズムを有する日本語では，この違いが音声的な違いとなって現れる．具体的には，CVC が CV のほぼ 2 倍の長さで発音され，閉音節（CVC）の母音が開音節（CV）の母音より短く発音されるということはない（Homma 1981; Maddieson 1985）．また，日本語では末尾子音位置に有声閉鎖音が現れることもまれであり，それゆえ，英語の bead と beat の間に見られるような母音の長さの違いを観察することもできない．

2.4 英語のアクセントと音節

　音節は，アクセントが付与される単位としても重要な働きを果たす．アクセントの性格から，英語は強さアクセント（stress accent），日本語は高さアクセント（pitch accent）の言語と分類される．また話し言葉のリズムという観点からは，英語は強勢が等間隔に繰り返す強勢拍リズム（stress-timed rhythm），日本語はモーラが等時性を持つモーラ拍リズム（mora-timed rhythm）を有すると特徴づけられている（窪薗・溝越 1991; 窪薗 1998b）．このような類型上の違いにもかかわらず，英語と日本語（東京方言）はともに，音節を単位としてアクセントが付与されている．ここでは，まず英語のアクセントから見てみよう．

2.4.1 英語のアクセント表記

　英語の発音では，アクセント(語強勢)の位置を間違えると，その単語と

して判断されない可能性が出てくる．たとえばJapanをJAP.anと強弱型で発音したり，Chinaをchi.NAという弱強型で発音してしまうと，「日本」や「中国」という意味の単語に認識してもらうことがむずかしくなる．どこに語強勢（(word) stress）が置かれるかという情報が非常に重要なのである．その重要な強勢情報を伝えるときに使われるのが，「<u>どこの音節に強勢が置かれるか</u>」という，音節を単位とするアクセントの付与位置である．JapanやChinaという2音節語であれば，それぞれ第2音節（語末音節），第1音節（語頭音節）に強勢があるという．

　英語の辞書でも，音節ごとに単語を分節し，どの音節を強く発音するか明示してある．ただ，アクセントの記号（'）をどこに表記するかは，辞書によって異なっている．具体的には，強勢が置かれる音節の前に表記する(6a)のタイプと，強勢音節の後ろに表記する(6b)のタイプ，強勢音節の母音の上に表記する(6c)のタイプが存在する．また，アクセント記号を使わずに下線によってアクセント位置を示す方法(6d)もある．

(6) a. Ja'pan　例：*Longman Pronunciation Dictionary*
　　 b. Japan'　例：*The Concise Oxford Dictionary*（1964）
　　 c. Japán　例：*Kenkyusha's New English-Japanese Dictionary*
　　 d. Jap<u>a</u>n　例：*Collins COBUILD English Language Dictionary*

2.4.2　英語のアクセント付与規則

　音節が担っているのは，強勢を担う単位という役割だけではない．強勢が置かれる位置を決めるアクセント付与規則（accent / stress assignment rule）も，音節という単位をもとに決定される．

　英語はインド・ヨーロッパ語族のゲルマン語派に属する言語であるが，この語派の言語は伝統的に，語頭からアクセント位置を数え，語幹の第1音節にアクセントを置くという規則を持っている．接頭辞で始まる単語では，(7a)のように接頭辞のすぐ後ろの音節に，接頭辞を持たない場合には(7b)のように語頭音節にアクセントを置くのである．ゲルマン語系の英語の単語は，この伝統的なアクセント規則に従っている．

（7） a. to-DAY, to-MORrow, to-NIGHT, be-LIEVE, for-GET, under-STAND, be-FORE
b. FAther, MOTHer, BROTHer, WOMan, DAUGHter, FREEdom, HEAVen, EVEning, SORry

英語の語彙は，このゲルマン系のアクセント規則と並んで，ロマンス系（ラテン語系）のアクセント規則にも支配されている．これは，英語がラテン語やその子孫であるフランス語から，大量に語彙を借用した結果である．ロマンス系の言語は，語末からアクセント位置を数えるという規則を有しており，英語に多大な影響を及ぼしたラテン語は，特に語末から数えて2音節目か3音節目にアクセントを置くという名詞アクセント規則を持っていた．英語のロマンス系名詞は，ラテン語を経由したギリシャ語系の語も含め，この規則に従ったパターンを示す（⇒ 3.7.1）．また，英語のロマンス系の動詞や形容詞は，この名詞のパターンより1音節後ろにアクセントを置くことが多い．（8）と（9）に代表的な例をあげる（語末の -e は発音されず，音節を形成しないことに注意されたい）．

（8） 英語のロマンス系名詞とアクセント
a. a.GEN.da, a.LUM.na, ap.PEN.dix, ho.RI.zon, di.PLO.ma, mem.o.RAN.dum
b. AL.i.bi, con.TIN.u.um, FOR.mu.la, REC.i.pe

（9） 英語のロマンス系動詞・形容詞とアクセント
a. de.CIDE, pre.VENT, suc.CEED; ab.SURD, su.PREME, su.PERB
b. de.VEL.op, i.MAG.ine; CAN.did, COM.mon, E.qual

2.4.3 英語のリズムと音節

2.1節において，英語の伝統的な詩では，音節を基本単位としてリズムが作られることを指摘した．この特性は，話し言葉においても部分的に観察される．

英語の話し言葉のリズムは，強勢が等間隔に現れるという強勢拍リズムの原理に従っている．このリズム原理は，介在する音節の数にかかわら

ず，強勢と強勢がほぼ同じ間隔に現れるというものである．たとえば (10) の文の自然な発話では，Which, train, York, please という4つの単語が文強勢を持ち，これらの強勢（○）がほぼ等間隔で現れようとする．弱音節（○）が多く挟まれているところでは，各音節が短く（つまり速く）発音され，一方，弱音節が少ない，あるいは皆無のところでは，音節が長く（ゆっくりと）発音される．このように，音節の長さを自在に変えることによって，強勢と強勢の間の音声的等時性を保とうとするのである．

(10)　Which is the train for　York,　　please?
　　　　○　　○　○　○　　○　　　　○　　　　　○

(10) に示した強勢拍リズムの構造は，音節とは無関係に起こっているようにも見えるが，けっしてそうではない．たしかに，英語のリズムは強勢（あるいは強勢音節）の等時性によって作り出されるものであるが，前節で述べたように強勢は音節を単位として付与されており，その中で，英語は強弱あるいは強弱弱という一定のパターンが繰り返される構造を作り出そうとする．その1つが語順による方法であり，たとえば (11) にあげるような A and B（あるいは A or B）という構造の表現では，英語はできるだけ，強弱あるいは強弱弱というパターンの繰り返しが生ずるような語順を選択しようとする．

(11)　a.　強弱・強弱（・強弱）
　　　　　TIME and MON.ey, BED and BREAK.fast, CUP and SAU.cer, MEN and WOM.en, BAG and BAG.gage, TOM and JER.ry; PE.ter, PAUL and MA.ry（PPM）
　　　b.　強弱弱・強弱弱
　　　　　LA.dies and GEN.tle.men, SI.mon and GAR.fun.kel

ladies and gentlemen という表現を例にとると，これと逆の語順を選択すれば，gentlemen and ladies（○○○○○）という反復性の低い強勢構造が作り出されてしまう．ladies and gentlemen（○○○○○○）という語順を選択することによって，強弱弱というパターンを繰り返す構造が作り

出され，(10) に示したような音節の長さの調整をしなくても，自然に強勢音節（○）が等間隔に繰り返される結果が得られるのである(男女を逆さまにした men and women という表現にも，同じ原理が働いている)．このようなリズムと語順の関係は，強勢が音節単位に付与されるということを前提にして，はじめて理解できるものである．仮に強勢が音素やモーラを単位として付与されていたならば，(11) に示したような強勢の規則性(反復性)を表すことができず，ひいては，リズムの要請による語順の現象を正しく理解することができなくなる．

語順との関係で言えば，(12b) のような不規則な構造もまた，音節を単位に強勢が付与されるということを前提にしてはじめて理解できる．

(12) a. very big
    a very long article
 b. big enough
    quite a long article

英語では (12a) に示したように，［副詞＋形容詞］，［冠詞＋副詞＋形容詞＋名詞］という語順が，文法構造に合致した語順である．これに対し (12b) は，［形容詞＋副詞］，［副詞＋冠詞＋形容詞＋名詞］という不規則な語順をとっている．英語の文法書や辞書は，このような一般的な文法構造に合致しない構造を「語法」と呼び，個々の語彙が示す特別な特徴であると捉えがちであるが，(12b) に示した enough や quite の用法に関する限り，個別語彙の特異な現象と片づけるわけにはいかない．

enough と quite に共通し，very が共有していないのは，最終音節に強勢を持つという特性である．仮に enough や quite が文法的な語順をとった場合，後続する形容詞との間に，強勢の衝突（stress clash）が生ずる可能性が高くなる．つまり，英語の形容詞の多くは(特に基本的なものは) 1 音節語であるか，もしくは強勢を語頭に持つ多音節語であるため，強調の意味を持つ副詞が先行すると，eNOUGH BIG や QUITE BIG のように，強勢が衝突する構造（○ ○）が作り出されてしまうのである．これに対して，副詞が VERy のように強弱（○ ○）という構造であれば，VERy BIG

(○∘○)のように強勢がぶつかる構造は避けることができる．強勢拍リズムでは一般に，強勢が衝突する構造を嫌う傾向が強い．強勢が衝突する構造において，強勢を等間隔に発音するということは容易なことではなく，(10)に示したような音節の長さ(発話速度)の特別な調整が必要となってしまうからである．enough や quite のような強勢構造の副詞は，(12b)に示したような不規則な語順をとることによって，強勢の衝突をうまく回避している．(12b)のような破格の語順の背景には，このようなリズム上の要請があったと考えられるのである．

　同類の要請は，a half hour や a half day に対する half an hour, half a day という特殊な語順にも，見いだすことができる．前者の[冠詞＋形容詞＋名詞]という英語の正統な語順では，half と後続名詞との間に強勢の衝突が生じてしまう．冠詞と形容詞を交代させることによって，∘○○というリズム構造を ○∘○ という構造に変えることができるのである．

　強勢拍リズムの原理は，語順の選択だけではなく，(13)のような余剰語——文法的に不要な単語——の挿入や，(14)のような単語・表現の選択にも関わっている(＊は不適格であることを表す)．

　(13)　a.　Money makes the mare to go.　(地獄の沙汰も金次第)
　　　　b.　I was made to go.　(vs. They made me go.)
　(14)　a.　Look at the sleeping dog.　(*Look at the asleep dog.)
　　　　　　Look at the drunken man.　(*Look at the drunk man.)
　　　　b.　a smaller girl　(vs. a more small girl)

　(13a)の諺では，文法的に不要な to という単語が弱音節として挿入され，[強弱・強弱・強弱・強]という規則的な構造が作り出されている．仮に to が挿入されなければ，[強弱・強弱・強・強]という強勢の衝突を含む構造が作り出されていたのである．(13b)の to も同じく，強勢の衝突(ここでは made と go の衝突)を避ける効果をもたらしている．このようにリズムを整え，発音を容易にするために，文法的には不要な要素(弱音節)が挿入されたと考えることができる．

　(14)のような形容詞の限定用法(＝後続の名詞を修飾する構造)におい

て，sleeping や drunken という強弱（○｡）の形容詞が asleep（｡○）や drunk（○）という語にとって代わるという現象も，強勢の衝突（ここでは形容詞と名詞の間に起こる強勢の衝突）を避けるためと解釈できる．

さらには，1音節の形容詞が歴史的に優勢な more, most を伴う比較級・最上級表現を避け，-er, -est という表現を頑として守っている背後にも，同様のリズム原理の効果を読みとることができよう．仮に a more small girl（｡｡○○）となると，small と girl との間に強勢の衝突が生じてしまうが，a smaller girl（○｡｡○）であればそのような衝突は生じず，［弱強］の繰り返しが作り出されるのである．

(12)–(14) に示した，特殊な語法・表現とリズム原理の要請（強勢衝突の回避）の関係もまた，「強勢が音節を単位に付与される」ということを前提にしてはじめて理解できる．たとえば，drunken が強弱（○｡）という構造の2音節語で，一方 drunk が強音節だけからなる1音節語であるということを理解してはじめて，(14a) の現象の背後にある原理が正しく理解できるのである．

2.5　日本語のアクセントと音節

ここで視点を日本語に移して，高さアクセント言語，モーラ拍リズム言語と言われる日本語の事情を見てみよう．

2.5.1　外来語アクセント規則

日本語のリズムは，単語や発話の各モーラが，ほぼ等時的に繰り返される構造をしていると言われる．この結果，「東京」という単語が「奈良」のほぼ2倍の長さを持って発音されるのである（⇒ 1.4.1）．では，アクセントを担う単位もまたモーラかというと，そういうわけではない．たしかにアクセント規則では，基本的にモーラを長さの単位としてアクセント位置が決定される（⇒ 3.7.3）．東京方言の外来語発音を考察してみると，(15) に示すように，語末から3モーラ目にアクセント核（⌐）を伴うパターン——つまり語末から3モーラ目と2モーラ目の間にピッチの急激な下降を伴うパターン——が圧倒的に多い（ピリオド＝音節境界）．

(15) a.　カ⌝.ナ.ダ，オー.ス.ト.ラ⌝.リ.ア，オー.ス.ト⌝.リ.ア
　　　b.　イ⌝ン.ド，デン.マ⌝ー.ク，ド⌝イ.ツ，イ⌝.ラン，ハ⌝.ワイ

　この規則性は，アクセント核の位置を音節で測ったのでは得られない．仮に音節を単位に数えてみると，(15a)の語では語末から3音節目に，(15b)の語は語末から2音節目にアクセント核が置かれている．音節で数えると，(15)の2つのアクセント型を一般化できず，2つの規則が必要ということになってしまうのである．(15a, b)に共通しているのは，語末から数えて3つ目のモーラにアクセント核があるということである．つまり，モーラで数えてはじめて，(15a, b)のアクセント型が一般化できるのである．
　では，(16)に示す語はどうであろう．

(16)　ワ.シ⌝ン.トン，ス.ウェ⌝ー.デン，サ⌝イ.パン，ア⌝ッ.サ.ム

これらの語では，語末から3モーラ目ではなく4モーラ目にアクセント核が置かれている．つまり，アクセント核の位置が(15)の語よりも1モーラだけ左に移動している．モーラ構造だけ考えると，(16)のアクセント型は(15)のアクセント型とは明らかに異なり，別の規則が働いているように見える．
　しかし，(16)のようなアクセント型を示す語の大半は，語末から3モーラ目(下線部)に，「ン」(撥音)や「ー」(長音)のような付属的なモーラ(特殊モーラ)を持つものである．ここで付属的と呼んだのは，語頭に生起せず，語頭に生起できる自立的なモーラ(自立モーラ)に常に寄生して生ずる，という意味である．この付属性はアクセント付与にも現れ，特殊モーラが持つはずのアクセント核は直前の自立モーラに自動的に移るという，一般的な現象が見られる．なぜ直後ではなく直前の自立モーラに移るかというと，特殊モーラは直前の自立モーラに寄生しているからである．
　別の表現を使うならば，特殊モーラは直前のモーラと「音節」という1つのまとまりを持ち，この単位の中でアクセント核の最終的な落ち着き場所が調整されるのである．これはちょうど，子供に課された税金や罰金を

その親が負担するという状態によく似ている．収入のない子供に課された税金・罰金を子供に代わって負担するのは，隣家の親ではなく，その子供の親である．家族(音節)という単位の中で，このような調整が行われるのである．

ところで，語末から3モーラ目が特殊モーラでなくても，アクセント核が左側に来る場合がある(たとえば，レ⌐バノン，ア⌐マゾン，ミュ⌐ージシャンなど)．このタイプの例外が示す規則性については，窪薗・太田(1998)，窪薗(1999a)，Kubozono (1999b)を参照されたい．

(15)，(16)の外来語アクセント規則に戻るならば，音節がアクセント(核)を担うという立場をとることにより，(15)と(16)のアクセント型を，(17)のような単一の規則に還元することができるようになる．

(17) 語末から数えて3つ目のモーラを含む音節にアクセント(核)を置く．

(17)では，モーラを数えることによってアクセント核の基本的な付与位置(上記のたとえで言うと，税金・罰金の対象者)が決まり，一方，そのアクセント核の最終的な落ち着き場所(税金・罰金の実際の負担者)は，音節を単位に決まっている．

このように，単一のアクセント規則にモーラと音節の両方の概念を用いるのは，けっして珍しいことではない(3.7節で述べるように，英語のアクセント規則も基本的には同様である)．「モーラ＝長さ(距離)を測る単位」，「音節＝実際にアクセント(核)を担う単位」というように，モーラと音節は異なる役割を担っており，このような2つの音韻単位が同じ規則に並んで出てきても，けっして不思議なことではないのである．

ちなみに，(15)–(17)に示したアクセント規則は，外来語のアクセントだけを支配しているのではない．日本語の固有名詞(人名や地名など)を東京方言のアクセントで発音してみると，(18a)のように，その多くが(17)の規則で説明できる．説明できないものの大半は，(18b)のようにピッチの下降を伴わず平たく発音されるもの，いわゆる平板式アクセントである．つまり(17)のアクセント規則は，外来語だけでなく，日本語(東京

方言)の大半の名詞のアクセント型を定式化したものなのである(田中・窪薗 1999).

(18) a. なが⌐さき(長崎), ふく⌐おか(福岡), みや⌐ざき(宮崎)
    b. かごしま(鹿児島), くまもと(熊本), おきなわ(沖縄)

2.5.2 複合名詞アクセント規則

前節では，アクセント(核)を担う単位が，日本語の東京方言でも音節であるという議論を展開した．日本語のアクセント規則の中で，音節はこれ以外の役割も果たしている．ここでは，「彦一」のような「X 一̇(いち)」，健三郎のような「X 三郎」，「桃太郎」のような「X 太郎」，以上 3 種類の人名のアクセント型を考察する．

日本語の複合名詞は，基本的に右側要素の音韻構造によって全体のアクセント型が決まり，左側要素が変わってもこの要素が同一であれば，基本的に同一のアクセント型(複合語アクセント型)が作り出される (⇒ 3.7.3)．(19) に「...ドル」の例をあげる.

(19) アメリカ　＋ド⌐ル → アメリカ・ド⌐ル
    カ⌐ナダ　　＋ド⌐ル → カナダ・ド⌐ル
    ホ⌐ンコン＋ド⌐ル → 香港・ド⌐ル

これに対し「X 一」，「X 三郎」，「X 太郎」の 3 つの複合語は，例外的に左側要素(つまり X)の構造によって複数のアクセント型を示す．具体的には，X の要素のモーラ数と音節数によって，異なるアクセント型を示すのである．

まず「X 一」の場合には，(20) に示すように，X の長さを音節とモーラの両方で測る必要が出てくる(田中・窪薗 1999)．興味深いことに，1 音節 1 モーラ(太，与)と 2 音節 2 モーラ(彦，忠)の要素が同じアクセント型 (20b) をとり，1 音節 2 モーラ(幸̇(こう)，寛̇(かん))の要素が示す平板式アクセント (20a) と対立する．X が同じ 2 モーラの長さであっても，1 音節の場合と 2 音節の場合で異なるアクセント型が生ずるのである．

(20) X一のアクセント型
    a. X＝1音節2モーラ ⇨ 平板式アクセント
        幸一、龍一、法一、寛一、欽一
    b. 他の場合 ⇨ Xの最終音節にアクセント核
        太⌐一、与⌐一、喜⌐一；彦⌐一、忠⌐一、馬鹿⌐一

「X一」と類似の分布を示すのが、「X三郎」のアクセントである(原口2000)．すなわち、Xが1音節2モーラの長さを持つ場合だけ全体が平板式となり、他の場合にはアクセント核が生ずる．「X一」の場合と異なるのは、(21b)でXの最終音節ではなく、後続要素(三郎)の第1音節にアクセント核が生じていることである(ちなみに、(21a)では連濁が起こって「三郎」が「ざぶろう」と発音されるが、(21b)では連濁は起こらない)．

(21) X三郎のアクセント型
    a. X＝1音節2モーラ ⇨ 平板式アクセント
        章三郎、長三郎、勘三郎、金三郎
    b. 他の場合 ⇨ 右側要素の第1音節にアクセント核
        ぎ・さ⌐ぶろう(義三郎)、よ・さ⌐ぶろう(与三郎)
        ひこ・さ⌐ぶろう(彦三郎)、とみ・さ⌐ぶろう(富三郎)

最後に、「X太郎」の場合には少し状況が複雑となり、(22)に示す3つのアクセント型が得られる(窪薗 1998a, 1999a; Kubozono 1999b)．

(22) X太郎のアクセント型
    a. X＝1音節 ⇨ 平板式アクセント
        鬼太郎、小太郎、与太郎、佐太郎
        金太郎、勘太郎、乱太郎、Q太郎、孝太郎
    b. X＝2音節2モーラ ⇨ Xの最終音節にアクセント核
        桃⌐太郎、垢⌐太郎、鬼⌐太郎
    c. X＝3モーラ以上 ⇨ 右側要素の第1音節にアクセント核
        力太⌐郎、ウルトラマン太⌐郎

(22)に示したように、(a)–(c)の3つのアクセント型を決定するのは、

Xの音節数とモーラ数である．同じ 2 モーラであっても，「乱」や「Q」のような 1 音節の要素は，「鬼」や「小」のような 1 音節 1 モーラの要素と同じ振る舞いを示し，「桃」や「垢」のような 2 音節のものとは異なる振る舞いを示す．ここで重要なのは，1 モーラか 2 モーラかという違いではなく，1 音節か 2 音節かという違いである．これに対して，(22b) と (22c) の境界は，X が 2 モーラか 3 モーラかというモーラ数の違いによって決まる．たとえば，「カレー」や「バンド」のような 2 音節 3 モーラ語を X の位置に入れてみると，「カレー太﹁郎」「バンド太﹁郎」のように (22c) のアクセント型が生じる．つまり，同じ 2 音節語であっても「カレー」や「バンド」のような 3 モーラ語は，けっして「桃」のような 2 モーラ語とは同じパターンを示さず，「力」のような (3 音節) 3 モーラ語と同じ振る舞いを示すのである．このように，(22a) と (22b) の間は X の音節数によって，(22b) と (22c) の境界は X のモーラ数によって区別されている ($\Rightarrow$ 3.7.4)．

2.5.3 鹿児島方言のアクセント

東京方言のアクセント現象では，音節とモーラがともに有意義な役割を果たしているが，同じ日本語の中でも音節方言と呼ばれる鹿児島方言では，音節がきわめて重要な役割を果たす．

この方言には，語末から 2 音節目だけが高くなるタイプ (A 型) と，語末音節だけが高くなるタイプ (B 型) の，2 種類のアクセント型が観察される．どの語がどちらのアクセント型をとるかを予測することは，なかなか困難であるが (複合語であればアクセント型を予測することが可能である)，ここで重要なことは，いずれの場合でも音節を単位に距離を測り，かつ，音節を単位に高低の音調が付与されるということである (平山 1960; Haraguchi 1977; 木部 2000)．

たとえば (23a) の例は，語末から 2 モーラ目だけが高くなるようにも見えるが，そのように一般化しては，(23b) のパターンが説明できなくなってしまう．音節で捉えなおしてみると，(23a, b) では，語末から 2 つ目の音節だけが高くなっていることがわかる．語末から音節を単位に数

え，そして，音節を単位に高低が決定されているのである．同じことが，語末音節だけを高くする (24) の例にもあてはまる．モーラを単位に距離を測ったり，あるいはモーラを単位に高低を付与していては，(23), (24) のデータの背後にある規則性を簡潔に表すことはできない．

(23)　A 型
　　　a.　かご「し」ま（鹿児島），みや「ざ」き（宮崎）
　　　b.　かごし「ま」けん（鹿児島県），ドイ「ツ」，ワシン「ト」ン
(24)　B 型
　　　a.　ふくお「か」（福岡），おおい「た」（大分），アメリ「カ」
　　　b.　ふくおか「けん」（福岡県），とう「きょう」（東京）

　鹿児島方言では，母音脱落（vowel deletion）や母音融合（vowel coalescence）などの分節音変化によって音節構造が変わってしまうと，それに伴って高低のパターンも変わってしまう（⇒ 3.8）．しかし，音節構造は変わっても，A 型，B 型という型は変わらない．(25) に具体的な交替の例をあげる．

(25)　a.　母音・子音脱落
　　　　　　かご「し」ま ～ か「ごん」ま ～ か「ごい」ま　（鹿児島）
　　　　　　　　　　　　　　　　　　　　　　　　　　　　[A 型]
　　　　　　みや「ざ」き ～ み「や」ざっ　（宮崎）　　　　　[A 型]
　　　　　　まえぞ「の」 ～ まえ「ぞん」　（前園）　　　　　[B 型]
　　　b.　母音融合，長母音短縮
　　　　　　さいごう「どん」 ～ せご「どん」　（西郷さん）　 [B 型]
　　　　　　きょう「だい」 ～ きょ「で」　（兄弟）　　　　　[B 型]
　　　　　　じい「さん」 ～ じ「さん」　（爺さん）　　　　　[A 型]

2.6 言葉遊びと音節

音節という言語単位は，英語の言葉遊び (language game) の分析からも実証できる (日本語の言葉遊びについては 3.6 節を参照)．ここではまず，Geta (ゲータ) という言葉遊びの構造を分析してみよう (Hammond 1999)．この言葉遊びでは，実際の文の中に [ɪdɪg] という音連続 (下線部) を挿入して，暗号のような文を作り出す．(26) に具体的な例をあげる．(26a) がもとの文，(26b) が暗号化された文である．

(26) a. This language game is called Geta.
b. [ðɪdɪgɪs lɪdɪgæŋgwɪdɪgɪdʒ gɪdɪgeɪm ɪdɪgɪz kɪdɪgɔːld gɪdɪgeɪtɪdɪgə]

(26b) だけ発音したのでは，何を意味しているのかわからない．[ɪdɪg] という音連続を取り除いて，はじめて原文を回復できるのであるが，問題は，この音連続が文のどの位置に挿入されているかである．注意深く分析してみるとわかるように，原文をまず音節に分け，それぞれの音節を子音 (C) と母音 + 子音 (VC) に分ける．その C と VC の間に，それぞれ [ɪdɪg] という音連続を挿入するのである．this という 1 音節語を例にとると，(27a) のようになる．language という 2 音節語の場合を示したのが (27b) である．

(27) a. 'this' [ðɪs] → [ð-ɪs] → [ð-ɪdɪg-ɪs] → [ðɪdɪgɪs]
b. 'language' [læŋgwɪdʒ] → [læŋ.gwɪdʒ] → [l-æŋ.gw-ɪdʒ] → [l-ɪdɪg-æŋ.gw-ɪdɪg-ɪdʒ] → [lɪdɪgæŋgwɪdɪgɪdʒ]

Geta という言葉遊びの構造は，音節という単位を想定しないと理解できない．単語を音節に分け，さらに音節を (28) のように，頭子音 (onset) と韻 (rhyme) の 2 つの部分に分けるという操作を仮定して，はじめて理解できるのである．

(28)
```
        音節
       /    \
    頭子音    韻
     |      / \
     C     V   C
```

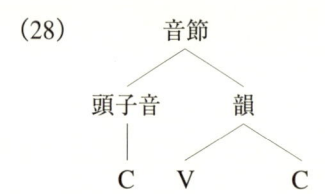

Geta のような操作を行う言葉遊びは，英語には数多い．(29) にあげる Op という言葉遊びは，Geta で [ɪdɪɡ] を挿入していたところに [ɔp] という音連続を入れるものである(下線部は挿入された要素を表す)．

(29) a. My name is Ken.
b. [mɔpaɪ nɔpeɪm ɔpɪz kɔpen]

Cockney Rhyming Slang という言葉遊びでも，音節を頭子音と韻に分ける．Geta や Op と異なるのは，韻の部分を含む別の単語を使って，A and B という対句表現を作り出す点である．たとえば (30) の例では，stairs, street という提示語の中から韻の部分 ([eəz]，[iːt]) を切り抜き，それと同じ韻を持つ別の語(ここでは pears と feet)を考え出して，これらの語を A and B という対句表現の B の位置に入れるというものである (( )は途中の操作を表す)．

(30) a. st<u>airs</u> (→ st-airs → p-ears) → apples and p<u>ears</u>
b. str<u>eet</u> (→ str-eet → f-eet) → hands and f<u>eet</u>

音節を頭子音と韻に分ける点では，スプーナリズム (spoonerism) と呼ばれる，言い間違い・言葉遊びも同じである．この名称は，頭音転換というタイプの言い間違いを頻用してまわりの人びとを笑わせた，Spooner という学者の名前に由来するが，ここでは，意図する文の中から 2 語を選び，その語の最初の音節の頭子音どうしを入れ替えて，滑稽な意味の文を作り出す．(31) の具体例が示すように，これもまた (28) の音節構造に従った遊びである．

(31) a. Is the <u>D</u>ean <u>b</u>usy? (学監はお忙しいですか)
→ Is the <u>b</u>ean <u>d</u>izzy? (お豆さんはめまいがしますか)

b.　The Lord is a loving shepherd.　（神様は慈悲深い羊飼いである）
　　　　→ The Lord is a shoving leopard.　（神様は乱暴な豹である）

　これ以外でも，(28) のような音節の分割を含意する言葉遊びは多い．(32)–(34) に，英語のクイズでこのような操作を伴うものをあげる．(32) は頭子音の交換 (metathesis) による遊びであり，この例では /b/ と /br/ を入れ替えている．(33) も頭子音を用いたクイズであり，次節で詳述する頭韻の技巧と "a quarter to two" という表現の多義性をうまく利用している．これに対して (34) は，韻の部分が共通する単語をそろえた遊びであり，具体的には /il/ という韻で脚韻を踏ませている．

　　(32)　問：　What's the difference between a baker and a heavy sleeper?
　　　　　　　（「パン屋さん」と「ヘビースリーパー」の違いは何？）
　　　　答え：One bakes the bread and the other breaks the bed.
　　　　　　　（一方はパンを焼き，他方はベッドを壊す）
　　(33)　問：　If a father gives fifteen cents to his son and a dime to his daughter, what time of the day is it?
　　　　　　　（お父さんが息子に 15 セント，娘に 10 セントあげたら今何時？）
　　　　答え：A quarter to two.　（2 人に 25 セント，2 時 15 分前）
　　(34)　問：　Name the four stages of illness.　（病気の 4 段階とは？）
　　　　答え：Ill, pill, bill and will.　（発病，薬，請求書，遺書）

　音節を (28)–(34) のように頭子音と韻に分ける伝統は，英語だけのものではない．たとえば中国語では，音節が声母 (= 頭子音) と韻母 (= 韻) からなっていると分析される．中国語では，漢字 1 文字 (1 音節) を声母と韻母に分解して別の漢字で表記する，反切という技法も使われており，たとえば /sam/ という構造の文字「三」を表すのに，その声母 /s/ と同じ声母を持つ漢字 (たとえば「思」) と，同じ韻母 /am/ を持つ漢字 (たとえば「甘」) を上下に並べて，「思甘切」のように表記される．

2.7 頭韻文化

前節では，音節を使った言葉遊びの例を紹介した．これらの言葉遊びに共通することは，単語ではなく音節を単位とするということと，音節を (28) のような 2 つの部分 (頭子音 + 韻) に分割するということである．英語の文化の中には，(28) のような音節の内部構造をうまく使って，面白い効果や言いやすさを狙ったものが数多い．ここでは，頭子音の一致による頭韻文化と，韻の部分の一致による脚韻文化にわけて解説する．

頭韻とは，近接する語の語頭音節の頭子音が一致する現象であり，一方，脚韻とは，近接する語の韻 (VC) の部分が一致する現象である．いずれの場合にも，同じ発音の音の連続によって発音しやすい構造を作り出す効果を持っている．ちなみに，頭韻や脚韻の「韻」とはリズムを意味し，さらにリズムとは，一定の繰り返しから生じる快適さ，発音のしやすさを意味する．

頭韻が多用されているのが，諺である．(35) の例では，それぞれ /d/, /m/, /k/ などの子音が近接する語の頭子音の位置に現れて，一定のリズムを作り出している．いずれの場合にも，意味的に重要な単語 (たとえば (35a) では day，(35b) では money) を中心に据えて，それと頭韻を踏む語を並べて諺を作り出しているのである．

(35) a. Every dog has his day.（どの犬にも自分の時代がある＝誰にも得意の時がある）
   b. Money makes the mare to go.（お金は雌馬も動かす＝地獄の沙汰も金次第）
   c. Care killed the cat.（心配は猫をも殺した＝心配は身の毒）
   d. So many men, so many minds.（人の数だけ考えがある＝十人十色）
   e. Forgive and forget（過去のことは水に流せ）

諺以外では，(36) 比喩表現，(37) 名言，(38) 文学作品名などにも，頭韻という技巧がよく用いられる．ちなみに，頭子音の位置に子音結合が生

じる場合には，(36c) のように子音結合(頭子音)全体が繰り返される場合と，(36d) のように子音結合の初めの部分が繰り返される場合の 2 種類がある．

(36) a. as busy as bees （蜂のように忙しい）
　　 b. as cool as a cucumber （きゅうりのように冷たい＝冷静な）
　　 c. as green as grass （芝生のように青々とした）
　　 d. as tall as a tree （木のよう背が高い）
　　 e. as red as a rose （バラのように赤い）
(37) a. To live is to like to love. （Samuel Butler の言葉）
　　 b. Life is made up of marble and mud. （Nathaniel Hawthorne の言葉）
　　 c. Love is the wisdom of the fool and the folly of the wise. （Samuel Johnson の言葉）
　　 d. Fair is foul, and foul is fair. （William Shakespeare の *Macbeth* の中の言葉）
(38) a. The Last Leaf （O. Henry『最後の一葉』）
　　 b. Love's Labour's Lost （William Shakespeare『恋の骨折り損』）
　　 c. Pride and Prejudice （Jane Austen『自負と偏見』）
　　 d. Summer and Smoke （Tennessee Williams『夏と煙』）
　　 e. Twice-Told Tales （Nathaniel Hawthorne『トワイス・トールド・テイルズ』）

もう少し生活に身近なところでは，(39) 標語やスローガン，(40) 宣伝，(41) ニックネーム(キャラクター名)，(42) 歌や映画のタイトルにも，発音のしやすさと斬新な効果を狙って頭韻が多用されている．

(39) a. Don't drink and drive. （飲酒運転禁止の標語）
　　 b. Publish or perish. （出版せよ，さもなくば大学を去るべし＝大学研究者向けの標語）
　　 c. Prayer is Power; Pray for Peace （教会のスローガン）
　　 d. Live and let live. （自らも生き，他も生かせよ＝平和共存

のスローガン）
- e. Love and let die. （愛ゆえに死なせよ＝安楽死運動のスローガン）
- f. We are going green. （エコロジー運動のスローガン）

(40)
- a. Pink Pills for Pale People （青ざめた人へピンクの薬＝薬の宣伝）
- b. Haig in Every Home （ウィスキーの宣伝）
- c. Test us, Try us, Fly us. （KLMオランダ航空の宣伝）
- d. America's summer seats sale. More seats. More savings. （アメリカン航空の宣伝）
- e. Ford Quality Cars, Quality Care （フォードの宣伝）
- f. Drive Your Dreams （トヨタの宣伝）
- g. Only from the Mind of Minolta （ミノルタカメラの宣伝）
- h. Beautiful British Columbia （カナダ・ブリティッシュコロンビア州の車のナンバープレート）

(41) Mickey Mouse, Minnie Mouse, Donald Duck, Daisy Duck, Peter Pan, Big Ben, Big Bird, King Kong; Rudolph, the Red-Nosed Reindeer （「赤鼻のトナカイ」）, Clark Kent （以下、映画 *Superman* の登場人物）, Lois Lane, Lucy Lane, Lex Luthor, Lenny Luthor

(42)
- a. The Sound of Silence （『サウンド・オヴ・サイレンス』）
- b. Live and Let Die （『007 死ぬのは奴らだ』）
- c. King Kong （『キングコング』）
- d. Fist of Fury （『ドラゴン怒りの鉄拳』）
- e. The Way We Were （『追憶』）

このほか、(43)のような詩や、(44)のようなカード(誕生日カード)の詩、(45)のような慣用句、決まり文句にも、頭韻の技巧が活用されている。

(43) 'Nothing Gold Can Stay' (by Robert Frost)
Nature's first green is gold,
Her hardest hue to hold,

　　　　　Her early leaf's a flower;
　　　　　But only so an hour.
　　　　　Then leaf subsides to leaf.
　　　　　So Eden sank to grief,
　　　　　So dawn goes down to day.
　　　　　Nothing gold can stay.
(44)　　All that's bright and beautiful
　　　　　All that's warm and wonderful
　　　　　All that dreams are made of . . .
　　　　　That's what this wishes you.
　　　　　Happy Birthday!!
(45)　a.　first and foremost　（まず第一に）
　　　b.　fiddle-faddle　（ばかばかしいこと）
　　　c.　from head to heel　（全身，すっかり）
　　　d.　Jack and Jill　（若い男と女）
　　　e.　from top to toe　（徹頭徹尾）
　　　f.　from top to tail　（徹頭徹尾）
　　　g.　safe and sound　（無事に）
　　　h.　with might and main　（一所懸命）
　　　i.　a copy cat　（人の真似ばかりする人）
　　　j.　a bird in the bush　（予想以上の利益）

2.8　脚韻文化

　すでに述べたように，脚韻とは，近接する語——詩では行末の語——の韻 (VC) の部分が一致する現象である．多音節語の場合には，強勢を持つ音節の韻から後の部分の一致が要求される．脚韻は，近代の詩や歌を中心によく用いられる．(46), (47) の歌(詩)からもわかるように，詩行末の単語どうしが共通の韻構造を持つのが特徴である．ちなみに，(47) はスコットランドの詩人 R. L. Stevenson が，故郷の白夜に近い明るい夜と子供たちの気持ちを詠った詩である．

　(46)　'Silent Night'　（「きよしこの夜」）

	Silent night! Holy night!	[aɪt]
	All is calm, all is bright!	[aɪt]
	Round yon Virgin Mother and Child.	[aɪld]
	Holy Infant so tender and mild,	[aɪld]
	Sleep in heavenly peace.	[iːs]
	Sleep in heavenly peace.	[iːs]

(47)　'Bed in Summer' (by Robert L. Stevenson)

	In winter I get up at night	[aɪt]
	And dress by yellow candle-light.	[aɪt]
	In summer, quite the other way,	[eɪ]
	I have to go to bed by day.	[eɪ]
	I have to go to bed and see	[iː]
	The birds still hopping on the tree	[iː]
	Or hear the grown-up people's feet	[iːt]
	Still going past me in the street.	[iːt]
	And does it not seem hard to you,	[uː]
	When all the sky is clear and blue,	[uː]
	And I should like so much to play,	[eɪ]
	To have to go to bed by day?	[eɪ]

詩が活用されるのは，文学や音楽の世界だけではない．クリスマスや誕生日に交換されるカードにも，脚韻をふんだんに使った詩が印刷されている．(48)にクリスマスカードの例をあげる．また(49)は，脚韻をうまく使った滑稽詩 (comic verse) の例である．

(48)　Even though at Christmas time
　　　We may be far apart,　　[ɑːt]
　　　May warm and special thoughts
　　　Keep you close in heart.　[ɑːt]

(49)　I wish I had your picture.
　　　It would be very nice.　　[aɪs]
　　　I'd hang it in the attic
　　　To scare away the mice.　[aɪs]

頭韻ほどではないが，脚韻が (50) のような諺や，(51) のような名言・スローガンに活用されることも珍しくない．

(50) a. A friend in need is a friend indeed.
b. East or west, home is best.
c. Fast bind, fast find.
d. Health is better than wealth.
e. Money borrowed is soon sorrowed.
f. No pains, no gains.
g. Well begun is half done.
h. What can't be cured must be endured.

(51) a. Spoken English is broken English.（George Bernard Shaw の言葉）
b. They never taste who always drink; They always talk, who never think.（いつも酒を飲んでいる者はそれを味わうことがない．いつもしゃべっている者は考えることがない＝イギリスの外交官・詩人 Matthew Prior の言葉）
c. Coal, Not Dole.（失業手当ではなく石炭を！＝炭坑閉鎖抗議デモのスローガン）
d. Talk together, walk together.（国際友好団体 American Field Service のスローガン）
e. Find the Name, Win the Game.（商品ゲームのキャッチフレーズ）

2.9 言語変化と音節

次に，言語変化における音節の役割を考えてみよう．言語変化の中でも，母音の長音化，短音化という現象は，音節の内部構造——英語ではとりわけ強勢音節の音韻的な長さ——を考慮しないと説明できないものが多い（⇒ 3.4）．音節の内部構造という意味では，単純に開音節か閉音節かという区別が歴史的に意味を持つこともある．ここではまず，不定冠詞 a の歴史を例に，この問題を考えてみる．

英語の不定冠詞 a が an から派生したことは，よく知られた事実であ

る．現代英語では，「母音で始まる語の前」という特定の環境に an が現れるため，a book, an apple に見られる a と an の交替は，a が基本形で，an がその異形であるような印象を受ける．ところが歴史的事実はまったく逆で，もともと存在したのは an であった．この語は，古英語 (Old English) の数詞 [ɑːn]（現代英語の one）に由来している——この数詞は，[ɑːn] → [ɔːn] → [wɔːn] → [wuːn] → [wun] → [wʌn] という変化を経て今日に至っている．

　この an という不定冠詞は，母音で始まる語とも子音で始まる語とも同じように共起したのであるが，中英語 (Middle English) 期以降，子音で始まる語の前で [n] を脱落させた．現代語の例を用いるならば，(52) のような変化を経たのである．(一部の子音の前では，an が比較的遅い時期まで用いられていた．/w/ や /j/ で始まる語の前では 15 世紀頃まで，/h/ の前では 17 世紀頃まで an が用いられていた．現代でも，無強勢音節の /h/ の前で an が保存されることがある (e.g. an hotel, an historical event))．

(52)　古形　　an book　　an apple
　　　　　　　　↓　　　　（不変化）
　　　新形　　a book　　　an apple

　ではなぜ (52) のような条件変化が起こったかというと，その背後には，末尾子音の存在を嫌う音節構造制約があると考えられている．つまり，an book では冠詞の部分に末尾子音があるために，この音節が閉音節となっている．この構造を避けるために，末尾子音の脱落が生じたというのである．これに対して母音で始まる語の前では，an の n が後続母音と結合して頭子音となる．つまり，実際の発音では an apple が a napple と発音され，冠詞が開音節を作るのである(また同時に，後続名詞の第 1 音節が頭子音で始まるようにもなる)．このように，末尾子音のある音節構造，すなわち閉音節を避けるために，子音で始まる語の前だけで an の n が脱落したと考えられる．

　ところで，この閉音節を避けるという傾向は，英語だけに見られる現象ではなく，自然言語に共通したものである．Jakobson の研究 (Jakobson

1968, 1976) によると，子音で終わる音節(閉音節)を有する言語は，必ず母音で終わる音節(開音節)も有するが，その逆は真ではなく，開音節だけしか持たない言語も存在する．これは，開音節のほうが閉音節よりも基本的な——無標な(unmarked)——音節構造であることを意味している．逆の言い方をすると，閉音節が開音節より特別な——有標な(marked)——構造であり，閉音節を有する言語は，その前提として開音節をも有するのである．この有標性(有標—無標)の関係は，子供による言語獲得にも現れるようで，どの言語の子供でもまず開音節を獲得し，その後に閉音節を獲得すると言われている．(52) に示した an → a という変化は，実はこのような普遍性の高い原理を反映した現象なのである．

閉音節を避けようとする一般的な傾向は，最近の音韻理論である最適性理論 (Optimality Theory) では，(53) に示す NoCoda という制約によって捉えられている (Prince and Smolensky 1993)．

(53)　NoCoda：音節は末尾子音を持ってはならない．

末尾子音が本来あってはならない要素であるのに対し，頭子音は存在するほうが自然という要素である．最適性理論ではこの傾向を，(54) の制約で捉えようとする．

(54)　Onset：音節は子音で始まらなくてはならない．

これは，頭子音を持たない音節 (V) を許容する言語は，その前提として頭子音を持つ音節構造 (CV) も許容し，また頭子音の付いた音節構造 (CV) を許容しない言語は存在しない，という事実によって裏づけられた制約である．(53) の制約と同じように，この制約も言語変化の説明に役立つ．たとえば日本語はその歴史の中で，(55a) 母音脱落，(55b) 子音挿入 (consonant insertion)，(55c) 母音融合の3つの手段を用いて，複合語に見られる母音連続 (hiatus) の構造を避けようとした (⇒ 3.8.1)．

(55)　a.　naga + ame　→ na.ga.me　(長雨)
　　　　　a.ra + i.so　→ a.ri.so　(荒磯)
　　　　　su.mi + i.re　→ su.mi.re　(墨入れ＝すみれ(花))

a.ka ＋ i.si → a.ka.si （赤石＝明石(地名)）
b. ha.ru ＋ a.me → ha.ru.sa.me （春雨）
ko ＋ a.me → ko.sa.me （小雨）
hi ＋ a.me → hi.sa.me （氷雨）
c. na.ga ＋ i.ki → na.ge.ki （長息＝嘆き）
ha.ta ＋ o.ri → ha.to.ri (→ hat.to.ri) （機織り＝服部）
te ＋ a.rai → ta.rai （手洗い＝盥）

　母音連続が嫌われる理由の1つは，頭子音のない音節が作り出される可能性が高いからである．(55b)の「春雨」の場合，子音が挿入されなければ /ha.ru.a.me/ という4音節語が生成され，頭子音が欠けた (56a) のような音節構造が作り出される．「春雨」に見られる /s/ は，この語がもともと /same/ という音形を持ち，その子音が複合語に残ったという説もある．現代日本語では /s/ の挿入と解釈されるが，この挿入現象は，「青」に強調の接頭辞「真」が付いた「真っ青」という派生語 (ma＋ao → massao) や，語幹が母音で終わる動詞に使役の語尾 (aseru) が付く場合 (たとえば，tabe＋aseru → tabesaseru; cf. hasir＋aseru → hasiraseru) にも観察される．いずれにしても (55b) では，通常は生じない子音を頭子音として持っているのである．

　また (55c) の「長息」では，[na.gai.ki] という二重母音 [ai] を含む構造におさめるという可能性もあるが，二重母音も単母音に比べ嫌われる傾向が言語一般に強い．(55) に示した3つの分節音変化は，(54) の音節構造制約を守り，(56b) のような無標の音節構造を維持するために，母音が連続する構造を避けようとした変化と解釈することができる (σ＝音節)．

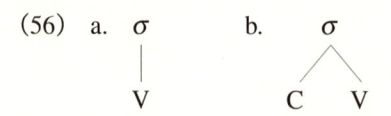

(56) a.　σ　　　b.　σ
　　　 |　　　　　 ／＼
　　　 V　　　　 C　V

　ちなみに，(55) に示した日本語の音変化は，既存の単語を複数結合して新しい単語を作る複合語形成 (compounding) に伴って生じる現象である．複合語以外でも，音節はさまざまな語形成 (word formation) の過

程と関係している．たとえば (57) のように，2 語が重なるようにして形成される混成語 (blend) では，生成される語が後半要素を残す原語と同じ音韻的長さを持つことが知られている (Kubozono 1989, 1990; 窪薗 1995)．英語では，この長さを測る単位が音節であり，たとえば (57a) の例では brunch が lunch と同じく 1 音節，(57b) の例では cinerama が panorama と同じく 4 音節の長さを持つ．

(57) a.　br(eak.fast) / (l)unch　　　→　brunch
　　 b.　cin.e.(ma) / (pan.o).ra.ma　→　cin.e.ra.ma
　　 c.　t(ea) / (s)up.per　　　　　 →　tup.per
　　 d.　m(ag.a.zine) / (b)ook　　　 →　mook

英語にしても日本語にしても，数多くの言語変化や語形成過程の中で，どの現象が音節構造——たとえば (53) や (54) の音節構造制約——と関係しているか，いまだ十分に研究がなされたとは言えない．今後の研究課題である．

第3章　モーラの機能

　第2章では，音節という音韻単位の役割について詳しく論じた．すでに述べたように，音節とモーラは二者択一的な関係にあるのではなく，特定言語の音韻体系の中で音節が重要な機能を果たすということは，その言語でモーラが重要な機能を果たさないということを含意するものではない．音節もモーラも言語に共通に備わった基本単位であり，同一言語の体系の中で，両者がともに重要な役割を果たしていたとしても，何ら不思議なことではない．むしろ，モーラと音節は相補的な関係にあり，同一体系の中で両者は補完的な役割を果たしていると思われる．ここで問題となるのが，それぞれの体系の中で，モーラと音節が具体的にどのような役割分担をしているかということである．この章では，「長さ」の単位とされるモーラについて，英語と日本語という異なる2つの言語体系におけるモーラの具体的な役割を分析し，前章で述べた音節の役割との関係を考察してみる．

3.1　モーラの役割

3.1.1　音声的モーラと音韻的モーラ

　モーラの語源となった英語の mora という語は，西洋古典詩のリズム単位を意味する用語であり，もともと長さの単位として定義されている．1.4節で述べたように，モーラは音節よりも小さな単位であり，一定の基準によって音節を分割することにより，抽出することができる．一般的な述べ方をすると，長母音や二重母音は短母音の2倍の長さを，また母音の後の子音(つまり末尾子音)も短母音と同じ長さを持つ資格を有する．それゆえ，CV という音節構造が1モーラの長さを持つのに対し，CVC と CVV

という音節構造は，潜在的に2モーラという長さを持つ．また，CVVCやCVCCは，形の上では3モーラの長さを有することになる．

　母音の前の子音(つまり頭子音)はモーラとは関与せず，音節の長さを変えることはない．それゆえ，頭子音の欠けたVやVCという構造は，それぞれCV，CVCという音節構造と同じ長さを持つことになる．

　ここまでは比較的単純な議論であるが，モーラの議論でむずかしいのは，この単位をどのレベルで論じるかということである．具体的には，発話のリズムを定義する音声的レベルで論じるのか，それとも音韻規則における役割という意味で，音韻的レベルで論じるのかが問題となる(⇒ 1.4.2)．

　音声的レベルで論じると，日本語(東京方言)はモーラ言語であり，一方，英語はモーラ言語ではない．東京方言では，「東京」という2音節4モーラの語が，「奈良」という2音節2モーラの語のほぼ2倍の長さで発音される．つまり，モーラが等時性を持っているのである．モーラの等時性によって作り出される話し言葉のリズムを，モーラ拍リズムという．日本語は，典型的なモーラ拍リズムの言語である．また，俳句や短歌などの日本語の伝統的な詩歌も，モーラを基本単位としたリズムによって作り出されている．俳句の５７５，短歌の５７５７７という形式は，モーラ数を数えたものであって，音節数や音素数を数えたものではない．たとえば「やせ蛙　負けるな一茶　これにあり」という小林一茶の有名な俳句は，「一茶」という語を「い—っ—さ」というように3つに数えて，はじめて５７５の形式(リズム)に合致するようになる．

　これに対して，英語は，音声レベルではモーラ言語ではない．たとえば，team [ti:m]という1音節語とtea [ti:]という1音節語の音声的長さは，ほとんど変わらない(⇒ 2.3)．末尾子音の -m が加わった分だけteamのほうが長くなるかというと，そうではないのである(⇒ 1.4.2)．同様に，team [ti:m]とTim [tɪm]の音声的長さも，ほとんど変わらない．[i:]と[ɪ]の2つの母音は多少長さが異なるが(前者が後者よりいくぶん長い)，単語全体の長さとしては，2語間にほとんど差異は観察されない．音節内での構造の違いを補償する形で時間の長さの調整が行われ，その結果，音

節数が同じであれば，単語全体の長さがほぼ同一となるのである．英語の伝統的な詩を見ても，音節を基本単位として作られるものはあっても，モーラを単位とするものは少ない（⇒ 2.1）．

　英語はこのように，音声レベルではモーラ言語ではないが，モーラがこの言語の体系の中でまったく無意味かというと，そういうわけではない．アクセントや母音長変化(短母音化，長母音化)などの音韻現象を分析するさいには，このモーラという単位が不可欠なものとなる．つまり，音韻記述のレベルでは，英語も日本語と同じように「モーラ言語」なのである．ここに，「音声的な長さ」と「音韻的な長さ」を区別して考える必要性が出てくる．音声的な長さを測る単位としてのモーラと，音韻的な長さを測る単位としてのモーラを，区別して考えなくてはならないのである．

3.1.2　分節単位としてのモーラ

　モーラが果たす役割としては，この「音声的な長さ」や「音韻的な長さ」を測る機能のほかに，「分節単位」という3つ目の機能を指摘することができる．日本語では，単語をモーラ単位に分節し，たとえば「東京」という単語を /to-o-kyo-o/ と4分割して発音することができる．

　これは，音声的単位としてのモーラの機能と相関するところであるが，このモーラ単位の分節様式が，音楽や言い間違い（speech error），吃音(きつおん)（stuttering）などの現象に現れる．音楽では，「1モーラ＝1音符」という原理で歌詞にメロディーが付与される．つまり，歌詞(単語)をモーラに分け，モーラごとに音符を付与する形で歌が作り出されるのである(窪薗・太田 1998; 窪薗 1999a)．これは，「1音節＝1音符」という原理で作られる英語の歌とは，対照的なものである（⇒ 2.1）．

　言い間違いの現象においても，モーラは分節単位として重要な役割を果たす．(1)にあげる自発的な言い間違い(ここでは混成語エラー)の例では，2モーラ音節を2分割する形で2語の結合が図られている．日本語では，(1)にあげた混成語エラーに限らず，音節をモーラ境界で分割するタイプの言い間違いが，珍しくない (Kubozono 1989)．

(1) a. to.ma.(re) / (su.to)p.pu → to.map.pu （止まれ / ストップ）
　　 b. hi(i.taa) / (su).too.bu → hi.too.bu （ヒーター / ストーブ）

　吃音でも，音節をモーラ境界で分割するものが多い．日本語の吃音で最も一般的なパターンは，最初の1モーラを繰り返すタイプであるが，語が2モーラ音節で始まる場合には，(2a)のように最初のモーラだけを繰り返すパターンが一般的である．(2b)のように最初の音節をまるごと繰り返したり，あるいは(2c)のように最初の子音だけを繰り返すパターンは，一般的ではない．ちなみに，英語の吃音では(2c)タイプが最も一般的なようである (Ujihira and Kubozono 1994)．

(2) a. ko ko ko ko kon.pa （コンパ）
　　 b. kon kon kon kon kon.pa
　　 c. k k k k kon.pa

　日本語では，さらに音声知覚の過程でも，モーラが単語の分節単位として働くことが知られている (Hayashi and Kakehi 1990; Otake et al. 1993)．

3.1.3　モーラと表記法

　モーラをこのように定義してみると，日本語のかな文字とよく対応していることがわかる．すでに1.2節で述べたように，日本語のひらがな，カタカナは，モーラという音韻単位とほぼ1対1の対応を示す．撥音の「ん」や「促音」の「っ」，長母音に対応する「ー」に対しても独立した文字をあてるのである．この例外となるのが，中国語から入った拗音と呼ばれる音である．これは「きゃ，きゅ，きょ」のように小さな「ゃ，ゅ，ょ」の文字を伴って表記されるモーラで，小さな文字だけでは1モーラを構成することはできない．促音の「っ」とは異なり，直前の文字といっしょになって1モーラの長さを表すのである．(3)に小学2年生の国語の教科書から具体例をあげておこう．

(3) つくえをトン(・)トン(・)とたたきながら，それに合わせて読みましょう．

a. としょしつの ほん
・・ ・・・ ・・
b. でんしゃに のろう
・・・ ・・・
c. みかちゃんと いっしょ
・・・・・ ・・・

拗音以外では，最近の外来語表記にも，モーラとかな文字が対応しない例（下線部）が見られる．

（4） <u>ファ</u>ウスト，<u>フィ</u>ット，<u>ウィ</u>ンドウ，<u>ヴェー</u>トーベン

（3）や（4）のようなケースを除くと，日本語のかな文字はモーラと1対1の対応を示す．

3.2 最小性制約

モーラは音韻的な長さを測る単位であると述べたが，この特徴が最もよく現れるのが，語の長さに関する制限を規定する場合である．とりわけ英語や日本語を含む多くの言語において，語の最小の長さを規定する制約が存在する．

まず英語の1音節語を見てみよう．英語には1音節語が多いが，その構造を見てみると，母音の長さと末尾子音の間に一定の制限が存在しているのがわかる．母音が長い場合——いわゆる長母音や二重母音の場合——には，末尾子音があってもなくてもかまわないのに対し，母音が短い場合には，末尾子音は不可欠となるのである．たとえば (5) に示すように，bee [biː] や buy [baɪ] という語は存在しても，bi [bɪ] という1音節語は存在しない．短母音で終わる1音節語は，英語では不適格なのである．

(5)

尾子音＼母音	長 い	短 い
あ り	bead [biːd] bide [baɪd]	bid [bɪd]
な し	bee [biː] buy [baɪ]	*bi [bɪ]

では，短母音が1音節語に生起できないかというと，そういうわけではない．(5) の bid のように，1音節語であっても閉音節の中であれば，短母音が生じることができる．なぜ CVV や CVC が適格なのに，CV という構造の1音節語が不適格かというと，前者が2モーラの長さを持つのに対し，後者は1モーラの長さしか持っていないからである．つまり，1モーラという長さが，語の長さとしては短すぎるのである．1モーラの長さの語を禁ずる条件を，最小性制約 (minimality constraint) という．

英語が (5) のような不均衡な構造を持つようになった背後には，短母音で終わる1音節語がすべて母音を長くしたという，歴史的な変化が存在している．英語の歴史では，開音節の母音を長くする変化が連続して起こったが，その最初の変化として4世紀頃に起こったのが，(6) に示す変化である ($\Rightarrow$ 3.4)．この変化によって，1音節語がすべて2モーラ以上の長さを持つようになった (the や a のような冠詞は，単独で文強勢を受けることがほとんどなく，通常は名詞や形容詞などの内容語に結合して発音されるために，例外的に1モーラの長さを保っている)．

(6) a. [we] → [weː] → [wiː] 'we'
　　 b. [hwɑ] → [hwɑː] → [huː] 'who'
　　 c. [θu] → [θuː] → [ðaʊ] 'thou'

(6) の変化は，1モーラの長さの語を禁じる制約が英語の文法に加わったことを意味しているが，この制約は，現代英語にも明確な形で存在する．たとえば，アルファベットを1つ1つ単語読みする場合，a を [æ] ではなく [eɪ]，b を [b] や [bɪ] ではなく [biː]，f を [f] ではなく [ef] というように，(C)VV もしくは (C)VC の形で発音する．つまり，2モーラの長さで発音しているのである (ただし x [eks] や w [dʌbljuː] などは例外的に，それ以上の長さを持つ ($\Rightarrow$ 3.5))．

同様に，既存の単語を短くして新しい単語を作り出す，短縮 (shortening, truncation) という語形成過程を見てみると，1音節語のすべてが2モーラ以上の長さを持っていることがわかる．つまり，CVC か CVV よりも長い構造を持っているのである．(7a) に普通名詞の例を，(7b) に人

名(ニックネーム)の例をあげる．いずれの場合にも，語頭を残すパターンが一般的である．

(7) a. ad(vertisement), champ(ion), chimp(anzee), lab(oratory), math(ematics), sax(ophone), (tele)phone
　　 b. Ben(jamin), Chris(topher), Chris(tine), Dan(iel), Don(ald), Ed(ward), (Eliza)beth, (E)Liz(abeth), Bill (< William), Bob (< Robert), Dick (< Richard), Nick (< Nich(olas))

短縮語の中で興味深いのは，(8)のような例である．

(8) a. in.flu.en.za　→ flu [fluː]
　　 b. pro.fes.sion.al → pro [proʊ]
　　 c. pro.fes.sor　→ prof [prɔf]
　　 d. fa.nat.ic　　→ fan [fæn]

(8a, b)では，本来1モーラの長さしかなかった音節（flu [flʊ], pro [prə]）の母音を長くすることによって，CVVという2モーラの長さの音節(単語)を作り出している．一方(8c, d)では，母音は短く保ちながらも，後続音節の頭子音を末尾子音として取り込むことによって，CVCという2モーラの長さを確保している．方法は異なるが，2モーラという最小の語の長さを確保しようとしている点では共通している．

(5)–(8)に例示した最小性制約は，実は英語だけに課される条件ではない．英語が属するゲルマン語派の言語（ドイツ語，オランダ語，スウェーデン語など）にも観察されるし，さらには，英語とは系統的に関係のない数多くの言語（ハワイ語，アラビア語，ウィネバゴ語など）でも観察されている（Hayes 1995）．1音節語が多いとされる声調言語（tone language）でも，一般に短母音で終わる1音節語は許容されない．長母音や二重母音が，開音節，閉音節のいずれにも生起できるのに対し，短母音は閉音節にしか生起できないのである．(9)にタイ語の例をあげておく．

(9)

末尾子音＼母音	長 い	短 い
あり	paak（口）	pak（刺す）
なし	paa（投げる）	*pa

　高さアクセントである日本語も，例外ではない．日本語にはたしかに，「手」や「目」，「血」のように，1モーラの長さしか持たない語(名詞)がいくつも存在する．しかし，東京方言より古い発音特徴を多く有するとされる近畿方言(京都や大阪の方言)では，これらの語は「てえ」，「めえ」「ちい」のように長く発音される．つまり，開音節構造の1音節語が2モーラの長さで発音されるのである．このことは，日本語も伝統的には，最小性制約によって制限されていたことを示唆している（⇒3.4.2）．

　日本語で最小性制約が観察されるのは，このような近畿方言の発音だけではない．東京方言であっても，語形成規則によって既存の語から新しく語が作られる場合には，1モーラの長さの語を避けようとする力が強く働いている．たとえば英語の(7)，(8)に相当する日本語の短縮語では，生成される語のすべてが2モーラ以上の長さを持っている．(10)に普通名詞の例を，(11)に固有名詞の例をあげる．ちなみに，日本語でも語頭を残すパターンが最も一般的であり，語末を残すパターンはやくざや若者の言葉に多いようである．また語種の点では，和語などより語長の長い外来語が最も短縮されやすい．

(10) a. 2モーラ語
　　　チョコ(レート)，スト(ライキ)，ロケ(ーション)，アマ(チュア)，きざ(わり)［気障り］，まじ(め)［真面目］，よせ(せき)［寄席］，みせ(だな)［店＝見せ棚］，(わ)さび，(けい)さつ［警察］，(ま)やく［麻薬］，(けい)むしょ［刑務所］
　　b. 3モーラ語
　　　テレビ(ジョン)，アニメ(ーション)，ローテ(ーション)，パンフ(レット)，シンポ(ジウム)，(アル)バイト，(きっ)さてん［喫茶店］，(あ)ばしり［網走］，(ひ)がいしゃ［被害者］，

(しん)ぶんや［新聞屋］
c. 4モーラ語
コンクリ(ート), バーテン(ダー), イラスト(レーション), リハビリ(テーション), リストラ(クチャリング)
(11) めぐ(み)［恵］, みさ(と)［美里］, まさ(る)［勝］, のむ(ら)［野村］, こば(やし)［小林］, (やな)ぎば［柳葉］

ところで，最低2モーラの長さを要求する最小性制約は，最近の研究では単語の最小性ではなく，単語を構成するフットの二項性（foot binarity）という概念を使って説明されることが多い．フットの二項性とは，どの単語も最低1フットは含まなくてはならないという前提のもと，そのフットという下位構造が，最低2音節（(12a)）か2モーラ（(12b)）に枝分かれしなければならないという考えである（σ＝音節，μ＝モーラ）．

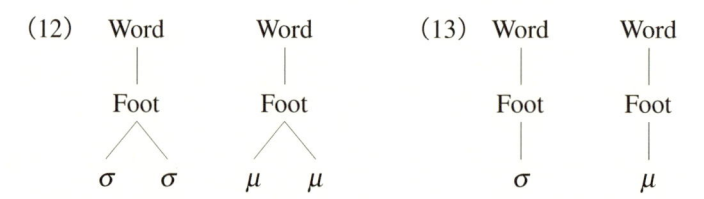

(12)　Word　　　Word　　　(13)　Word　　　Word
　　　　｜　　　　｜　　　　　　　｜　　　　｜
　　　 Foot　　　Foot　　　　　　Foot　　　Foot
　　　／＼　　／＼　　　　　　｜　　　　｜
　　　σ　σ　μ　μ　　　　　　σ　　　　μ

逆の言い方をすると，(13)のように，1音節あるいは1モーラだけからなるフットを1つしか持たない語は，この最小性制約に反していることになる．2音節以上の単語は，語全体として最低2モーラの長さを持っているため，単語を構成するフットは最小でも2モーラの長さを持つことになる．ちなみに，2音節が要求されるか2モーラが要求されるかは，その言語の音韻体系によって決まるもので，音韻的にモーラを基本的な長さの単位とする日本語や英語のような言語では，2モーラの最小性が要求される（英語のフットについてはHarris (1994)ほかを参照）．

3.3　最大性制約

母音と末尾子音との間には，前節で見た最小性制約に加え，最大性（maximality）の制約も存在する．この制約の規定に役立つのも，モーラである．

英語でも日本語でも，複合語形成などの語形成過程によって単語はいくらでも長くできるから，単語の音節数，モーラ数に制限を見いだすことはできない．しかし，1音節という単位の中では話は別である．

1.3.1節において，英語は母音の後ろに最大3つの子音結合を許容すると述べた(複数接辞や3人称単数接辞の [s]，過去形接辞の [d], [t] が続くと最大4つの子音が結合するが，ここではこのような接辞の付いた形は除外する)．つまり，-VC に加えて，-VCC, -VCCC という構造も許容するのである．ところが，母音と末尾子音の関係をよく観察してみると，長母音と二重母音は子音が1つ続く構造(-VC)には生起できても，子音が複数続く構造(-VCC, -VCCC)には，自由に生起することができないことがわかる．まず，英語に観察される4種類の -CC 構造の中で，無声閉鎖音を含むものを見てみよう (Hammond 1999)．(14a) は /s/ + 無声閉鎖音，(14b) は /l/ + 無声閉鎖音，(14c) は鼻音 + 無声閉鎖音，そして (14d) は無声閉鎖音 + /s/ の結合である([英]は「イギリス英語のみ」の意味)．

(14)
		短母音	長母音	二重母音
a.	/-sp/	hasp	clasp [英]	—
	/-st/	last	beast	heist [haɪst]
	/-sk/	ask	ask [英]	—
b.	/-lp/	help	—	—
	/-lt/	belt	bolt	—
	/-lk/	milk	—	—
c.	/-mp/	ramp	—	—
	/-nt/	rant	faint	pint [paɪnt]
	/-ŋk/	rank	—	—
d.	/-ps/	lapse	corpse [英]	—
	/-ts/	blitz	quartz [英]	—
	/-ks/	fix	hoax [英]	—

(14) の分布からわかるように，短母音は12種類の子音結合すべてと結びつくことができるが，長母音はわずかに3つ，二重母音に至っては2つの子音結合としか共起しない(イギリス英語は若干制限が緩い)．つまり，

短母音は末尾子音位置の子音結合と自由に共起できるが，長母音や二重母音は子音結合と自由に共起できないのである．長母音・二重母音が共起できるのは，ともに歯茎を調音点とする子音の結合 (/-st/, /-lt/, /-nt/) だけであり，このタイプの子音結合を除くと，長母音・二重母音は子音結合と共起しない．/-iːsp/ や /-uːlk/, /-aɪŋk/ などは，英語の音連続としては不適格なのである．

　末尾子音に 3 つの子音が結合する場合には，さらに共起制限が強くなる．(15a–c) に示すように，3 子音結合と共起できるのは短母音のみであり，長母音・二重母音は原則として共起しない．ちなみに，range [-eɪndʒ] などの語では，長い母音が 3 子音結合と共起しているように見えるが，英語の破擦音 [dʒ], [tʃ] は，音韻論的には 1 子音として振る舞う――たとえば，これらの音が 2 子音（閉鎖音＋摩擦音）に分解されることはない (Fromkin 1973) ――ことから，[ndʒ] は音韻的には 2 子音とみなすことができる．

(15)　a.　text [-kst], midst [-dst]
　　　b.　tempt [-mpt], glimpse [-mps], blintz [-nts], lynx [-ŋks]
　　　c.　sculpt [-lpt], whilst [-lst], calx [-lks]

　では，なぜ長母音や二重母音が 2 子音結合や 3 子音結合と結びつきにくいのかというと，音節の音韻的な長さに強い制限があるからである．長母音・二重母音は，すでに 2 モーラの音韻的長さを持っている．そこに 1 個の子音が後続しただけなら，音節全体が -VCC という 3 モーラの音韻的長さを持つことになるが，2 子音結合が後続すると，(16) に示すように，-VVCC という 4 モーラの長さの音節ができあがってしまう．英語はこのような長さの音節構造を許容しないのである．

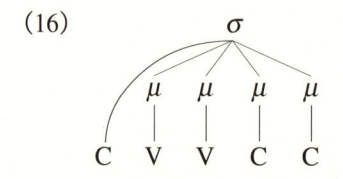

(16)
　　　　　　σ
　　　　／／│＼
　　　μ　μ　μ　μ
　　　│　│　│　│
　　　C　V　V　C　C

この制限を定式化すると，(17)のようになる．

(17) 3モーラを超える長さの音節は不適格である．

ここで，(14)，(15)に示した短母音と長母音・二重母音の振る舞いの違いは，単純に子音の数と関係するのではないかと思われるかもしれない．(18)のような制約を考えれば，長母音・二重母音が示す特異な振る舞いを，より簡単に説明できるのではないかという考え方である．

(18) 長母音・二重母音は子音結合とは共起しにくい．

(17)と(18)は同じ事実を説明しているように見えるが，その説明力において根本的に異なっている．まず第一に，問題の共起制限は末尾子音位置の子音結合にしかあてはまらないという事実が，(18)の分析では説明できない．(19)に示すように，頭子音の位置では，長母音・二重母音も短母音と同程度に子音結合と共起することができる．

(19) 　　　　　短母音　　長母音　　二重母音
 a. /sp-/ 　 spin 　　 speed 　　 spade
　　/st-/ 　 stick 　　steep 　　 style
　　/sk-/ 　 skit 　　 ski 　　　 sky
 b. /pl-/ 　 plus 　　 please 　　ply
　　/tr-/ 　 trick 　　treat 　　 try
　　/kl-/ 　 clan 　　 clean 　　 climb

(14)，(15)の共起制限が，単に子音の数を問題にしたものであるならば，頭子音と尾子音の間に(14)と(19)のような違いは生じないはずである．これに対して，音節の音韻的な長さを問題にする(17)の分析は，この違いを簡単に説明できる．頭子音はモーラ(音節の長さ)に関与しないために，この位置に子音が1つあっても，あるいは2つ以上あっても，音節の長さには関係しないのである．一方，末尾子音位置の子音は母音と同じようにモーラを構成し，音節の長さに関係してくる．よって，末尾子音のほうだけが母音の長さと共起制限を示すのである．

さらに，(18) の分析では，なぜ母音の長さと子音の数との間に共起制限が生じるのかを説明できない．そのような共起制限が存在することを，事実として述べることしかできないのである．これに対して (17) の分析に立つと，「音節の音韻的長さに制限がある」という説明が可能となる．このような最大性制約は，実は英語にだけ課される制限ではなく，次節で述べるように，日本語や他の言語にも一般的に観察されている．音節の長さを規定した (17) の分析をとると，(14) に示した英語の特徴が，実は英語だけの特質ではなく，言語に一般的に見られる特質の1つとして捉えられるのである．

最後に，本節で論じた最大性制約は，1音節語だけでなく多音節語にもあてはまることを指摘しておきたい．多音節語で最終音節に強勢がある場合には，1音節語と同じように (17) の条件が適用されるが，語末以外の位置に強勢を持つ語では，一般に強勢が置かれる音節でも，最大2モーラの長さしか持つことができない（ただし Cambridge, Chamber, danger などの強勢音節は例外である）．(17) よりも強い長さの制限がかかるのである．具体的には，3モーラの長さも避けようとし，3モーラ音節が生じそうな場合には，それを2モーラの長さに短くしようとする．wise [aɪ] に対して wisdom [ɪ] の強勢母音が短くなったのは，そのためである．この制限は普遍性の高いものであり，日本語をはじめとして，数多くの言語で観察されている．この母音の音量変化については，次節で詳しく述べる．

3.4　長母音化と短母音化

英語の歴史において，長母音が短くなる短母音化現象と，逆に短母音が長くなる長母音化現象がしばしば起こっている．この中には，3.8節で述べる隣接母音・子音の消失に伴う代償延長の現象も含まれるが，それ以外に，隣接する分節音の変化を伴わず，ただ母音が長くなったり，短くなったりする現象も少なからず観察される．その背後には，一定の音節の長さ（音節量 (syllable weight)）に向かって母音の長さを調整しようとする，一般的な力が働いている．本節では，英語の長母音化と短母音化の現象を1つ1つ検討しながら，その背後にある音節量の原理を考察してみる．

3.4.1　英語の音量変化

　英語史に起こった母音の音量変化を見てみると，基本的に，開音節の短母音を長くし，閉音節の長母音を逆に短くしようとする傾向が読みとれる（窪薗 1995）．前者は開音節長母音化（open syllable（vowel）lengthening）と呼ばれている．後者は閉音節短母音化（closed syllable（vowel）shortening）と呼ばれている現象であり，2.3 節で述べた閉音節短母音化という音声的な現象（母音と末尾子音の間の補償効果）が，音韻的な変化として確立されたものである．(20) と (21) に具体例をあげる（2.4.2 節で述べたように，英語の単語はもともと語頭音節に語強勢を持っていた）．

(20)　開音節長母音化
　　　a.　1 音節語
　　　　　[hwɑ] → [hwɑ:] (→ [hu:]) 'who'
　　　　　[θu]　 → [θu:]　 (→ [ðaʊ]) 'thou'
　　　b.　2 音節語
　　　　　[mɑ.ke] → [mɑ:.kə] (→ [mɑːk] → [meɪk]) 'make'
　　　　　[nɑ.me] → [nɑ:.mə] (→ [nɑːm] → [neɪm]) 'name'
　　　　　[me.te] → [me:.tə] (→ [meːt] → [miːt]) 'meet'

(21)　閉音節短母音化
　　　a.　3 音節語
　　　　　[æ:n.le.fan] → [en.le.van] (→ [ɪ.le.vn]) 'eleven'
　　　　　[fi:f.te.ne] → [fif.te.ne] (→ [fɪftiːn]) 'fifteen'
　　　b.　2 音節語
　　　　　[fi:f.tiġ] → [fif.ti]　　　　　　　'fifty'
　　　　　[ke:p.te] → [kep.te] (→ [kept])　'kept'
　　　　　[me:t.te] → [met.te] (→ [met])　'met'
　　　c.　1 音節語
　　　　　[se:d] → [sed]　　　　　　　'said'
　　　　　[du:n] → [dʊn] (→ [dʌn])　'done'
　　　　　[fu:t] → [fʊt]　　　　　　　'foot'

　(20) の開音節長母音化はまず 1 音節語で起こり，その後，2 音節語で

も起こるようになった．一方，閉音節短母音化はこれとは逆に，3音節語でまず起こり，その後，2音節語，1音節語で起こっている．

　この2種類の母音音量変化は，一方が長母音化，他方が短母音化であり，一見すると逆の効果を持つように見える．ところが音節の音韻的長さという観点から見ると，両者の共通点は一目瞭然である．長母音化は強勢音節を，CVという1モーラの長さからCVVという2モーラの長さに変え，短母音化はCVVCという3モーラ音節を，CVCという2モーラ音節に変えている．CVVとCVCは，伝統的な音節構造から言うと前者は開音節，後者は閉音節ということになり，共通性の低い構造に見えるが，音節量という点から見ると，ともに2モーラの長さを持っている．つまり，(20)と(21)はともに，2モーラの長さを目指した音節量変化ということがわかるのである．このように，モーラという概念を用いて音節の音韻的長さを測ることによって，開音節長母音化と閉音節短母音化の2つの現象を一般化でき，英語の母音音量変化の基底にある一般的な原理を明らかにすることができるようになる．

　この原理を制約という形でまとめると，英語の強勢音節 (σ') には，1モーラ音節と3モーラ音節を禁じる (22) と (23) のような制約が働いていた(いる)ことになる．ちなみに，(22)はタイ語など他の言語にも観察される制約である ($\Rightarrow$ 3.2)．

(22)　＊σ'　　　(23)　　＊σ'
　　　　｜　　　　　　　／｜＼
　　　　μ　　　　　　μ　μ　μ

　(20)，(21) の音節量統一の変化により，古英語の時代には1モーラ (CV)，2モーラ (CVV, CVC)，3モーラ (CVVC) と多様であった強勢音節の長さが，原則として2モーラの長さに統一されることになった．「原則として」と述べたのは，(21c) の変化に合致しない語が多数存在しているからである．ひとつには，(21c) の変化が不完全にしか起こらず，(24) のような3モーラ音節を多数残した．また，特定の子音結合の前で母音を長くした (25) の変化 (homorganic lengthening) のように，(20)，

(21)が目指す音節量統一とは逆の方向に進む変化(具体的には2モーラ以上の長さの音節をさらに長くしようとする変化)も起こった．

(24) /CVVC/　tone, bone, feet, grove, Paul, five
(25) homorganic lengthening
　　　[grund]　→ [gruːnd]　（→ [graʊnd]）　'ground'
　　　[tʃild]　→ [tʃiːld]　（→ [tʃaɪld]）　'child'
　　　[klimban] → [kliːmban]　（→ [klaɪm]）　'climb'

さらには，語末母音の脱落という独立した変化によって，多数の2音節語が1音節語に変わり，一度は(20b)の長母音化によって2モーラになった強勢音節が，3モーラの長さに変わってしまうということも起こった（⇒ 3.8.2）．

(26)　[mɑ.ke] → [mɑː.kə] → [maːk]　（→ [meːk]）　'make'
　　　[nɑ.me] → [nɑː.mə] → [naːm]　（→ [neːm]）　'name'
　　　[me.te] → [meː.tə] → [meːt]　（→ [miːt]）　'meet'

(20)-(26)に示した英語の音節量変化は，現代英語にもさまざまな形でその痕跡を残している．たとえば(20a)の長母音化現象は，1モーラ語を禁じる制約として，現代英語においても生きている（⇒ 3.2）．また，(27)に示すような長母音(二重母音)と短母音の交替も，(20)-(26)の変化，特に閉音節の母音を短くした(21)の変化の痕跡である．

(27)　a.　[aɪ]–[ɪ]　　five–fif.ty, wise–wis.dom, wild–wil.der.ness
　　　b.　[iː]–[e]　　deep–depth, sleep–slept, keep–kept, meet–met,
　　　　　　　　　　mean–meant, speed–sped
　　　c.　[uː]–[ʌ]　　do–done, pro.duce–pro.duc.tion
　　　d.　[eɪ]–[æ]　　Spain–Span.ish, sane–san.i.ty
　　　e.　[aʊ]–[ʌ]　　house–hus.band, pro.nounce–pro.nun.ci.a.tion
　　　f.　[uː]–[ɔ]　　goose–gos.ling, lose–lost
　　　g.　[oʊ]–[ɔ]　　go–gone, clothes–cloth

(27)にあげたペアは，英語史のある段階まではそれぞれ同じ母音を含

んでいた．たとえば do–done のペアは，それぞれ中英語期には同一の長母音を有しており，両者の主要な違いは，過去分詞形の語尾 [n] があるかないかという点であった．ところがその後，3 モーラの音節は短くという原理によって，(21c) のように閉音節 (done) の母音が短くなり，do との間に短母音─長母音の違いを生み出すようになったのである．また wise と wisdom の場合には，wise がもともと 2 音節語 (wi.se [wiːzə]) であり，強勢音節が開音節であったために短母音化は起こらなかったが，wis.dom は強勢音節が閉音節であったために，(21b) の変化によって母音が短くなった．(27) の他のペアでも，基本的にこれと同じようにして長母音(二重母音)と短母音の交替が生じている．なお，five と fifty (もしくは fifteen) のペアでは，後者の強勢音節が閉音節 (fif-) であったために母音が短くなり，一方，five はもともと [fiːf] という 1 音節語であったが，(24) の語と同様に (21c) の変化を逃れたために長い母音を保つこととなった．

　(27) のような母音の交替が作り出されたのは，音節の音韻的な長さに対して強い制約が働いていたことによる．強勢音節は基本的に 2 モーラの長さを持つことが要求されたために，1 モーラの強勢音節では母音が長くなり(つまり CV が CVV となり)，逆に 3 モーラの強勢音節では母音が短くなった(つまり CVVC が CVC となった)．現代英語でもこの制約は強く働いており，fifty や wisdom などの強勢母音は短母音となっている．一方，deep–depth や keep–kept, mean–meant などの 1 音節語のペアでは，(24), (26) によって 3 モーラまでの長さが許容されるようになったため，CVVC と CVCC の間で母音の交替が見られるのである．

　強勢音節の長さを語中と語末に分けて考えると，語中では CVV か CVC という 2 モーラの構造が，語末(1 音節語を含む)ではそれに子音が 1 個加わった CVVC か CVCC という 3 モーラの構造までが許容される，というように一般化できる．つまり，five–fif.ty–fifth, wise–wis.dom, pro.duce–pro.duc.tion などのペアでは，語末母音 (CVVC) と語中母音 (CVC) の間で長短の交替が起こり，deep–depth や keep–kept などのペアでは，ともに語末母音 (CVVC, CVCC) の間で同様の交替が起こっている．

この共時的な母音の音量交替は，語末子音が韻律構造の外に置かれていて，音韻規則には見えない存在であると考えれば，語中と語末の区別をしなくてもすむようになる．つまり (28) に示したように，語末子音を英語の韻律外 (extrametrical) 要素とみなして括弧 (⟨ ⟩) に隠してしまうと，語中においても語末 (#) においても，強勢音節は2モーラの構造(すなわちCVVかCVC)を持つと一般化できる(もっとも，現代英語の母音音量交替をこのように分析すると，do–done, say–said に見られる母音の交替を，例外とみなさざるをえなくなる)．また，(17) の制限も，3モーラ音節を不適格とする (23) の制約と統一できるようになる．このように，韻律外要素という理論的な概念を導入することによって，英語が (22) と (23) の制約を他の言語と共有していることも示すことができるのである．

(28)　a.　語中
　　　　　　 $\boxed{\text{CVC}}$.CV ...　　例：pro.duc.tion, wis.dom, hus.band, gos.ling, fif.ty
　　　b.　語末
　　　　　　 ... $\boxed{\text{CVV}}$⟨C⟩#　例：five, deep, keep, wise, pro.duce, house, goose, mean
　　　　　　 ... $\boxed{\text{CVC}}$⟨C⟩#　例：fifth, depth, meant

3.4.2　日本語の音量変化

1モーラの音節を禁じる (22) の制約と，3モーラの音節を禁じる (23) の制約は，日本語にも観察される．日本語はもともと，子音＋母音という開音節を基本とする言語であり，古代日本語には長母音も二重母音もなかった．この単一な音節構造を出発点として，その後，日本語は音節構造をやや多様なものに発展させてきた．特に中国語や英語などからの借用語を通じて，今では (C)VC, (C)VV という構造や，(C)VVC という構造までも許容するようになってきている——もっとも，CVVC という構造はアクセント規則などにおいて1モーラ音節 (CV)＋2モーラ音節 (VC) の2音節として振る舞うことが多い (窪薗 1995; 窪薗・太田 1998; Kubozono 1999b)．(29) にいくつか例をあげる．

(29) a. CV　　　手, 目, 血
　　　b. CVC　　缶, 癌, パン
　　　　 CVV　　キー, ルウ, 東京 (too.kyoo)
　　　c. CVVC　 ワイン, サイン, コイン, ライン

　ところが, (29a–c) の 3 種類の音節が同じ資格で現代日本語に出てくるかというと, そういうわけではない. 日本語にも (29a) のような 1 モーラ音節や, (29c) のような 3 モーラ音節を避けようとする傾向が見られる.
　前者は, 3.2 節で述べた 1 モーラ語を避けようとする現象である. たとえば近畿方言では,「手」や「血」が「てえ」「ちい」と 2 モーラの長さに発音される. 東京方言でも, (30) のように数字や曜日を列挙する表現では, 下線部のように 1 モーラの語(2̲, 5̲や火̲, 土̲など)が 2 モーラの長さで発音される.

(30) a. 2̲51–25̲25　（電話番号）
　　　b. 5̲.15 事件
　　　c. 5̲7̲577　（短歌のリズム）
　　　d. O̲157　（病原性大腸菌 O̲(オー)157）
　　　e. 火̲木̲土̲
　　　f. 子̲丑̲寅̲卯̲辰̲巳̲午̲未̲申̲酉̲戌̲亥̲　（十二支）

　この種の母音の長さの変化は, 音節の最小性という意味では, 英語に起こった (20) の長母音化に対応するものである. 日本語が英語と異なる点は, この 2 モーラを要求する力が, 1 音節語を中心にしか働かない(働かなかった)ことである. 英語の場合には, 1 音節語から 2 音節語へと徐々にその適用範囲を広げていったが, 日本語の場合にはその効果が 1 音節語にとどまっており, 2 音節以上の長さの語にまでは浸透しなかった. このために, 日本語では音節の長さを規定する制約(音節の最小性)ではなく, 語の長さを規定する制約(語の最小性 (word minimality))として定義されることになる (⇒ 3.2).
　1 モーラ音節を避けようとする傾向より顕著に現れるのが, 3 モーラ音節を避けようとする傾向である. 英語などから外来語が借用される過程を

具体的に分析してみると，さまざまな手段を使って3モーラ音節の発生を阻止しようとする傾向がうかがえる（窪薗・太田 1998; Kubozono 1999b）．その手段の1つが，(31) に示した短母音化もしくは母音の脱落である．

(31) CVVC → CVC
    a. マシン (machine)，コンビーフ (corned beef)，グリンピース (green peas)
    b. ステンレス (stainless)，エンジェル (angel)，チェンジ (change)
    c. グランド (ground)，ファンデーション (foundation)，ワンダン (one down)

(31) では，CVVC という3モーラ音節が生じるところで長母音が短くなったり ((31a))，あるいは二重母音の後半が脱落して ((31b, c))，CVC という2モーラの音節が作り出されている．これは鼻音の前の短母音化 (pre-nasal vowel shortening) と呼ばれていた現象であるが (Lovins 1975)，モーラを用いない従来の分析では，なぜ鼻子音の前の母音が短くなるのか説明できなかった．これに対して，モーラという概念を導入すると，(21) に示した英語の現象と同じく，その背後に3モーラ音節を忌避しようとする一般的な原理が働いていることがわかる．ついでながら，同じ二重母音でも /au/ + /n/ に対し /ai/ + /n/ の結合は，(31) の短母音化(母音脱落)を受けることがない．外来語の /ai/ は /au/ に比べて，他の現象でも安定した振る舞いを見せるようである (Katayama 1998; Kubozono 2001b)．

(31) と同じように興味深いのが，外来語に見られる促音添加(重子音化 (gemination))の現象である．英語などから単語が借用されるさい，日本語は (32) に示すように，母音と子音の間にしばしば促音(っ)を挿入する．促音を加えることにより，当該音節 (/kap/, /kyat/) を2モーラの長さにしているのである．もっとも，母音が短ければ必ず促音が入るわけではない．たとえば，bus, kiss, puff, tough などのように短母音に [s] や [f] が後続する場合には，促音は入りにくくなる (Lovins 1975; 川越 1995)．

(32) cup → /kap.pu/　カップ
    cat → /kyat.to/　キャット

　ところが，この促音添加の現象が起こるのは，(32)のように母音が短い場合だけであり，母音が長い場合((33))には起こらない．長母音や二重母音は2モーラの長さを持っているために，促音が添加されると3モーラの音節(/kaap/, /kaat/)ができてしまうことになる．この事態を避けるために，促音添加が生じないものと解釈できる．

(33) carp → /kaa.pu/, */kaap.pu/　カープ，*カップ
    cart → /kaa.to/, */kaat.to/　カート，*カート

　このように，本来3モーラ音節を持っていなかった日本語においても，このタイプの音節が生じることを避けようとする原理が働いているのである(他の現象については，窪薗・太田(1998)，Kubozono(1999b)を参照)．

　以上の議論をまとめると，日本語においても英語と同じように，1モーラの音節や3モーラの音節を避けようとする力が働いていることがわかる．とりわけ3モーラ音節を避けようとする傾向は，数多くの言語に報告されているものである．このような現象を説明し，普遍性の高い制約として一般化するためには，モーラという概念が不可欠のものとなる．この概念を使わないと，言語ごとに，また1つ1つの現象ごとに，独自の制約や規則を立てなくてはならなくなってしまう．

3.5　語形成とモーラ

　すでに3.2節において，モーラという単位が，短縮語の音韻構造を規定するさいに重要な役割を果たすことを見た．モーラは，他の語形成過程の理解にも不可欠となる．ここでは，日本語の複合語短縮(compound shortening, compound truncation)過程を考察してみる．(混成語形成，たとえばゴリラとクジラからゴジラ，リンスとシャンプーからリンプーが形成される過程については，Kubozono(1989), 窪薗(1995)を参照されたい．⇒ 2.9.)

複合語は，既存の語を自由に結合させて簡単に新しい語を作り出すという長所を持っているが，その反面，単語が長くなるという短所も持っている．この短所を補うために，複合語(および類似の名詞句表現)はその一部をとって，短い語に生まれ変わる．これが複合語短縮の過程である．これは日本語で非常に生産的な語形成過程であり，とりわけ2要素の語頭部分を結合する形式が，生産性が高い．では語頭をどれだけとるかというと，2モーラずつ切り取って結合するのである．(34)に代表的な例をあげる(( )は削除される部分を表す)．

(34) a. 1音節＋1音節
　　　　　合(同)　コン(パ)
　　　　　あん　まん(じゅう)　[餡饅頭]
　　　　　ドン(ト)　マイ(ンド)　[Don't mind]
　　　　　半(分)　ドン(タク)
　　b. 1音節＋2音節
　　　　　ワー(ド)　プロ(セッサー)
　　　　　ハン(ガー)　スト(ライキ)
　　　　　断(然)　トッ(プ)　[ダントツ]
　　c. 2音節＋1音節
　　　　　ポケ(ット)　モン(スター)
　　　　　クロ(ス)　カン(トリー)
　　　　　マザ(ー)　コン(プレックス)
　　　　　どた(んばの)　キャン(セル)
　　　　　八百(屋の)　長(兵衛)
　　　　　イメ(ージ)　チェン(ジ)
　　　　　自己　中(心的)
　　d. 2音節＋2音節
　　　　　プリ(ント)　クラ(ブ)
　　　　　オフ　レコ(ード)
　　　　　プロ(フェショナル)　レス(リング)
　　　　　セク(シャル)　ハラ(スメント)
　　　　　ファミ(リー)　レス(トラン)

ここで重要なことは，(34) の結合型式に音節が直接関与せず，音節構造とは無関係に 2 モーラずつが結合されることである．すなわち，語頭の 2 モーラは，1 音節であっても 2 音節であってもかまわない．音節数にかかわらず，2 モーラという長さが要求されているのである．また，2 モーラを切り取るさい，1 つの音節を分断する形をとっても問題は生じない．(34c) のポ.ケ(ッ.ト)やマ.ザ(ー)，イ.メ(ー.ジ)，(34d) のプ.リ(ン.ト)，レ.コ(ー.ド)のように，**CVV** や **CVC** という 2 モーラの音節を途中(モーラ境界)で分断するような切り取り方も，許されるのである．

これらの事実は，日本語において，2 モーラという長さが 1 つのまとまりを作っていることを示唆している．この 2 モーラのまとまりを，フット (foot) という．(34) に示した複合語の短縮形は，複合語を構成する 2 要素の語頭からそれぞれ 1 フットを切り出し，それらを結合して作り出されるのである．

ところで，(34) の「2 モーラ＋2 モーラ」という規則には，一定の例外が見いだされる．その 1 つは，構成要素が漢字を含む場合であり，漢字は 1 モーラでも独自の意味を持つ——独立した形態素を構成する——ことから，漢字 1 文字ずつを組み合わせることが多い．この中に，2 モーラ結合の原則に反する (35a–c) のようなケースが散見されるのである．

(35) a. 1 モーラ＋1 モーラ
　　　　模(擬)　試(験)
　　　　技(術)　家(庭)
　　b. 1 モーラ＋2 モーラ
　　　　私(立)　大(学)
　　　　美(術)　大(学)
　　c. 2 モーラ＋1 モーラ
　　　　入(学)　試(験)
　　　　安(全)　保(障)
　　　　簡(易)　保(険)
　　d. 2 モーラ＋2 モーラ
　　　　経(世)　済(民)

第3章 モーラの機能　79

英(語)　検(定)

　もっとも，漢字1文字の原則を破って，語頭の2モーラを優先してとるパターンも観察される（/—/ は漢字の境界，すなわち形態素の境界を意味する）．これらは文字や意味(形態素)の切れ目よりも，2モーラという音韻的な長さを重視した短縮形ということになる．

(36)　き—む(ら)　たく—(や)　［木村拓哉］
　　　い—と(う)　まん　［伊藤萬］
　　　ほ—こ(う—しゃ)　てん—(ごく)　［歩行者天国］
　　　じょ—し　だい—(がく)　［女子大学］
　　　る—す—(ばん)　でん—(わ)　［留守番電話］

　(35)と並んで，(34)の例外となるもう1つのケースが，短縮形の4モーラ目が長母音となる場合である．(37)の例からもわかるように，この位置での長母音は短くなりやすく，この結果，3モーラの短縮形が作り出される(窪薗 2000)．

(37)　テレ(ホン)　カ(—ド)
　　　バス(ケット)　シュ(—ズ)　［バッシュ］
　　　ダン(ス)　パ(—ティー)
　　　カン(ニング)　ペ(—パー)

　(34)-(37)は日本語の複合語短縮現象であるが，語頭の一部分どうしを結合して短縮形を作るという点では，英語の複合語短縮も共通している．ただ，日本語ほどには，この語形成過程の生産性は高くなく，語頭からどれだけ切り取られているか一般化することはむずかしい．(38)のようなデータ(大石 1988)を見る限りでは，1音節ずつ切り取って，同時に「2モーラ＋2モーラ(以上)」という長さの語を作る形式が，一般的であるような印象を受ける．たとえば(38a)では，fi が [fɪ] ではなく [faɪ] と2モーラの長さで発音される．

(38)　a.　sci(ence)　fi(ction)　［saɪ faɪ］
　　　b.　op(tical)　art

c. org(anization)　man

ちなみに，英語の複合語(あるいは名詞句)を短縮する場合には，(39)のように，語頭の1文字ずつをとる語形成——いわゆる頭文字語(acronym)——が生産性が高い．これは，(35)のように語頭の漢字1文字ずつを組み合わせて作る短縮形と，共通性が高い．

(39)　United Nations　　　　　　　→ UN
　　　personal computer　　　　　→ PC
　　　United States of America　→ USA
　　　unidentified flying object → UFO
　　　world-wide web　　　　　　　→ WWW

3.6 言葉遊びとモーラ

2.6節において，英語の言葉遊びでは，音節を頭子音と韻に分解する形式が多いことを指摘した．日本語の言葉遊びには，このように音節を分解せずに，単純に一定のモーラ数をそろえるものが多い．最も有名なものが，川柳であろう．川柳では，3.1.1節でふれた俳句と同じように，[5モーラ＋7モーラ＋5モーラ]と組み合わせて 5 7 5 のリズムを作り出している．次にあげるのは，小中学生が作った川柳である(「川柳」という言葉は，江戸時代の「柄井川柳」という人名に由来する)．

(40)　a. 平成の　トップアイドル　金と銀　[金さん銀さん姉妹]
　　　b. 日本中　あっちこっちで　たまごっち
　　　c. ハローから　バトンタッチで　ニーハオへ　[香港返還]
　　　d. 長電話　叱った母も　長電話
　　　e. 箸よりも　フォークが似合う　野茂英雄
　　　f. すぐ終わる　花火のような　夏休み

川柳や俳句のリズムは，音節という単位では一般化できない．音節で測ってみると，(40a)は 3 5 3，(40b)は 3 5 4，(40c)は 4 5 4 のリズムを持つことになり，規則性が見えてこないのである．

言葉遊びでは，「しりとり」もモーラを基本単位としている．しりとり

の基本は，語末の1モーラを切り取って，同一モーラで始まる単語を答えることである．相手の単語が「あじ<u>さい</u>」や「パト<u>カー</u>」のような2モーラ音節で終わる場合でも，最終モーラにあたる「い」や「あ」で受けるのが普通である．

　しりとりより少し専門化した言葉遊びが，ズージャ語と呼ばれるものである (Itô et al. 1996)．これは，日本のジャズ音楽家たちの言葉遊びであり，前節で見た複合語短縮と同じように，「2モーラ+2モーラ」(「1フット+1フット」)の形式で，4モーラの出力形を作ることを基本とする．ただ複合語短縮と異なる点は，4モーラ以下の短い単語でも変化させることができるということと，語頭2モーラと語末2モーラを単純に結合するのではなく，前後を入れ替えて結合するという点である．(41) にいくつか例をあげる．

(41)　a.　<u>マネ</u>ー<u>ジャ</u>ー　→ ジャーマネ
　　　b.　タクシー　　　→ シータク
　　　c.　生け花　　　　→ バナイケ
　　　d.　おっぱい　　　→ パイオツ
　　　e.　抜群　　　　　→ グンバツ

　複合語短縮が，ときおり3モーラ形の出力を許容したように，この言葉遊びも，例外的に3モーラの出力を許容する．その最も一般的なケースが，出力の語末が長母音となる場合と，入力が3モーラ以下の長さを持つ場合である．前者の場合には (42) に示すように，4モーラの基本形と3モーラの例外形が共存している．後者の場合には (43) にみるように，3モーラ形のほうがむしろ一般的なようである．ちなみに，ズージャ語の「ズージャ」という語自体が，「ジャズ」という2モーラ語から作られている．

(42)　コーヒー　→ ヒーコー　〜　ヒーコ
　　　交際　　　→ サイコー　〜　サイコ
(43)　ジャズ　　→ ズージャ
　　　タブー　　→ ブータ
　　　飯　　　　→ シーメ

3.7 アクセントとモーラ

3.7.1 英語の名詞強勢規則

すでに 2.4 節において，英語の語アクセント規則は，音節を主体とするものであることを見た．つまりラテン語アクセント規則の影響で，名詞であれば，語末から数えて 2 つ目の音節（penult）か 3 つ目の音節（antepenult）にアクセント（強勢）を置く．とりわけ，新しい単語に対して働くのがこの規則である．

では，penult と antepenult のいずれにアクセントが置かれるかというと，これを決めるのがモーラである．具体的には，penult の音韻的長さ（重さ）によって決まり，この音節が 2 モーラの長さを持っていると，アクセントはこの音節に落ち着き，1 モーラの場合には，アクセントは 1 つ前の音節（つまり antepenult）に移動する．英語の地名で例示してみる．penult が 2 モーラ（CVV, CVC）の場合を (44a) に，1 モーラ（CV）の場合を (44b) に示す（強勢音節を大文字で表す）．ちなみに，地名の中には Washington（< Washing + ton）や Maryland（< Mary + land），Edinburgh（< Edin + burgh）のように，複合語の構造を持つものも多い．このような地名は，［強弱］という英語の複合語アクセント規則に従い，左側要素の強勢音節が複合語全体の主強勢となる．

(44) a. ar.i.ZO.na, o.HI.o, mis.SOU.ri, min.ne.SO.ta
 a.LAS.ka, co.LUM.bus, cal.i.FOR.nia
 b. I.o.wa, OR.e.gon, I.da.ho, FLOR.i.da, MEX.i.co

どうして penult が 1 モーラの場合に，1 音節前にアクセントが移るかというと，アクセントを担うためには，担い手である音節のほうにそれなりの長さ（重さ）が要求されるからである．アクセントを担うということは，ちょうど応援団の団旗を持つことと同じことであり，それなりの体力・体重が必要とされる．あまり体力のない人や体重の軽い人には，無理な任務なのである．これと同じように，アクセントの無標の担い手に指名されている penult が，1 モーラの長さしか持たない場合には，この音節

がアクセントを担うことができず，その直前の音節にこの任務を委ねることになる．

本題に戻って，(44) に例示した英語の強勢規則は，日本の地名や人名を英語流に発音するさいのアクセント構造をも決定する．「大阪」「京都」などの地名を英語流に発音すると，(45) のように，penult の位置を長く発音して，そこにアクセントを置くのが一般的である．これは (44b) のアクセント型と同じである．（英語には [kjo] という音連続がないために，[j] を母音 [i] に格上げして，2 音節 ([kɪ.oʊ]) に発音される．）

(45)　o.SA.ka,　ky.O.to,　na.GO.ya　～　na.GOY.a
　　　[sɑː]　　[kɪ.oʊ]　　[goʊ]　　　　[gɔɪ]

これに対し，(45) の語を (44b) のように，antepenult に強勢を置いて発音することも可能である．ただしこの場合には，(46) に示すように penult は短く発音される．

(46)　O.sa.ka,　NA.go.ya

(45), (46) を支配しているアクセント規則が，ポケモン (<ポケットモンスター) という世界的なアニメの発音にも現れてくる．このアニメのタイトルも，またその主人公的なキャラクター名も，(46) (cf. (44b)) の規則に従って発音される．つまり antepenult に強勢が置かれて，語全体が強弱弱の強勢パターンで発音されるのである ((47) の Pokèmon の -e- の上に置かれた記号はアクセント記号ではなく，その文字を母音として発音すること，つまり Poke- を [poʊk] と発音するわけではないということを意味している)．ちなみに日本語の発音では，「ピカチュウ」は標準的な外来語アクセント規則 (⇒ 2.5.1) によって，語末から 3 モーラ目にアクセント核が置かれ (ピ\|カ チュウ)，一方「ポケモン」は同じ 4 モーラ語ながら，複合語の短縮に特徴的な平板式アクセント (ポ\|ケモン) となる (窪薗 1995)．

(47)　PI.ka.chu [pɪ.kə.tʃuː],　PO.kè.mon [poʊ.kɪ.mɔn]

3.7.2　英語の動詞・形容詞アクセント

　英語の単語では，名詞だけでなく，動詞や形容詞もモーラに関係したアクセント規則を持つ．英語の動詞と形容詞の多く（ただし interest-ing のように接尾辞をとる形容詞は除く）は，前節で述べた名詞アクセントより1音節だけ語末に近いところに強勢を持つ．つまり，語末音節か語末から2音節目に強勢をとるのである．(48)，(49) に具体例を示す．

(48)　動詞のアクセント型
　　　a.　de.CIDE, main.TAIN, suc.CEED;
　　　　　pre.VENT, ex.IST, col.LAPSE
　　　b.　CAN.cel, de.VEL.op, i.MAG.ine, in.HAB.it
(49)　形容詞のアクセント型
　　　a.　ab.SURD, su.PREME, su.PERB;
　　　　　ro.BUST, in.TACT, ab.RUPT
　　　b.　COM.mon, CAN.did, HU.mid, E.qual, MA.jor

　(48a) と (48b)，(49a) と (49b) の分布がそれぞれ何によって決まるかというと，ともに語末音節の音韻的な長さである．この音節が3モーラの長さを持つ場合には，この音節に強勢が置かれ，2モーラの長さしか持たない場合には，1つ前の音節に強勢が移動する．(48)，(49) の (a, b) に対応してまとめると，(50a, b) のようになる．

(50)　a.　語末音節が3モーラ（CVVC, CVCC）の長さであれば，この音節に強勢を置く．
　　　b.　語末音節が2モーラ（CVC）以下であれば，1つ前の音節に強勢を置く．

　ここで (28) と同じように，語末の子音を韻律外要素と見るならば，名詞のアクセント規則 (44) との共通性は明白となる．問題となる音節が2モーラ（CVV⟨C⟩, CVC⟨C⟩）であれば，その音節にアクセントが置かれ，1モーラ（CV⟨C⟩）であれば，前の音節にアクセントが移動する．名詞と動詞・形容詞の違いは，その問題となる音節が，語末から2つ目の音節であるか，語末音節であるかという違いだけである．

3.7.3 日本語のアクセント規則

次に，日本語のアクセント規則におけるモーラの役割を見てみよう．日本語は英語よりも音韻的なモーラ性が高く，アクセント規則のほとんどがモーラを基本単位として記述される．

たとえば，2.5.1 節で述べた外来語のアクセント規則は，語末から3つ目のモーラをターゲットとしてアクセントを付与する．アクセントを担う単位が音節であるため，最終的には音節という概念も用いなければならなくなるが，「後ろから何番目」という距離を測る単位はモーラである．

モーラは，複合名詞のアクセント規則でも重要な役割を果たしている．すでにふれたように (2.5.2 節)，日本語（東京方言）の複合名詞 (XY) は，基本的に右側要素 (Y) の音韻構造によってアクセント型が決まる．とりわけ重要なのが右側要素の長さであり，この要素が 1〜2 モーラか，3〜4 モーラか，あるいは 5 モーラ以上かによって，(51) に示す 3 つのアクセント型が生じる（例外的なケースは除外する）．

(51) a. Y＝1, 2 モーラ ⇨ X の末尾音節にアクセント核
　　　ひょ⌐うご＋け⌐ん → ひょうご⌐・けん　（兵庫県）
　　　こ⌐うべ＋し⌐ → こうべ・し　（神戸市）
　b. Y＝3, 4 モーラ ⇨ Y のアクセント核を保存する（Y が平板式の場合には Y の初頭音節にアクセント核を置く）
　　　インスタ⌐ント＋カ⌐メラ → インスタント・カ⌐メラ
　　　ビ⌐ーチ＋バ⌐レー → ビーチ・バ⌐レー
　　　みなみ＋アメリカ → 南・ア⌐メリカ
　　　ゆうしょう＋パレード → 優勝・パレ⌐ード
　c. Y＝5 モーラ以上 ⇨ Y のアクセント型を保存する
　　　みなみ＋カリフォルニア → 南・カリフォルニア
　　　ニュ⌐ー＋カレドニア → ニュー・カレドニア
　　　ちほ⌐う＋さいばんしょ⌐ → 地方・さいばんしょ⌐　（地方裁判所）

(51b) と (51c) の違いは，右側要素が平板式であった場合に，そのアクセント型を複合語が継承するかという点である．(51b) では，平板式で

あった右側要素(たとえば「アメリカ」)の最初の音節に，新たにアクセント核が置かれるが，(51c)では，右側要素(たとえば「カリフォルニア」)が持つ平板式というアクセント型がそのまま継承され，複合語全体が平板式となる．

(51)の分類に「2モーラ＝1フット」という等式をあてはめると，(51a)はY＝1フット，(51b)はY＝2フット，(51c)はY＝3フット以上ということになる．この「1, 2, 3以上」という区分法は，次節で述べる「X次郎」のアクセントを支配している「1, 2, 3以上」という原理と，基本的に同じものと思われる．

3.7.4　金次郎のアクセント

モーラが音韻的な長さや距離を測るという点では，2.5.2節で見た3種類の人名も同様である．たとえば「彦一」や「健一」などの「X一」という名前では，第一要素のXが1音節2モーラの長さであれば「健一」のように平板化し，Xが1音節1モーラ(たとえば「義一」)や，2音節2モーラ(たとえば「彦一」)であれば，Xの末尾にアクセント核を置く．「健三郎」や「義三郎」のような「X三郎」でも，Xが1音節2モーラの場合(たとえば「長三郎」)だけ，平板式アクセントで発音され，他の長さであれば「三郎」の最初にアクセント核が付与される．「桃太郎」や「金太郎」などの「X太郎」のアクセントは，もう少し複雑であるが，Xのモーラ数と音節数によって3つのアクセント型が生じるのである．

「X太郎」よりもう少し単純な振る舞いを見せるのが，「X次郎」のアクセントである．「X次郎」のアクセントは，Xが1モーラか，2モーラか，3モーラ以上かによって，(52)のような3つのアクセント型を示す．

(52) 　a.　X＝1モーラ ⇨ 平板式アクセント
　　　　　小・次郎，与・次郎，弥・次郎
　　　b.　X＝2モーラ ⇨ Xの末尾音節にアクセント核
　　　　　金⌝・次郎，新⌝・次郎，崇⌝・次郎，高⌝・次郎，正⌝・次郎；桃⌝次郎，豆⌝次郎，金⌝次郎，正⌝次郎，高⌝次郎，力⌝次郎

第 3 章 モーラの機能　87

　　c．X ≧ 3 モーラ ⇨ 右側要素（次郎）の第 1 音節にアクセント核
　　　　力次┐郎，ウルトラマン次┐郎，頭次┐郎，カレー次┐郎

　出現する 3 つのアクセント型は，「X 太郎」の場合と同じである．つまり，(52a) はピッチが下がらない平板式アクセント，(52b) は X の末尾にアクセント核を置くタイプ，そして (52c) は「次郎」の初頭にアクセント核を置く型（別の言い方をすると，「次郎」がもともと持っていたアクセント核を保持する型）である．ちなみに (52c) のアクセント型は，一般の複合名詞（たとえば「はたけさ┐ぎょう」（畑作業），「ビーチバ┐レー」）が示すアクセント型と同じであり，(51b) の例からもわかるように，右側要素が 3 モーラ以上の長さであれば，この要素のアクセント核を複合語アクセントとして保持しようとする．

　「X 次郎」が「X 太郎」と異なるのは，「X 次郎」のアクセントでは，X の音節数が関与してこないことである．X が 1 音節 2 モーラの場合（たとえば「金次郎」）と，2 音節 2 モーラの場合（たとえば「桃次郎」）が，ともに「X の最終音節にアクセントを置く」という共通したアクセント規則に従う．もっとも，音節数は関与しなくても，音節は関与している．つまり「金次郎」と「桃次郎」のアクセントに共通しているのは，X（金，桃）の末尾音節にアクセント核を置くという特徴である．この共通性は，モーラを用いては捉えられない．

　「X 太郎」と「X 次郎」の異同を示すと次のようになる．

(53)　「X 太郎」と「X 次郎」のアクセント

前部＼後部	太郎	次郎
1 音節 1 モーラ	平板（鬼太郎）	平板（小次郎）
1 音節 2 モーラ	平板（金太郎）	前部末尾（金┐次郎）
2 音節 2 モーラ	前部末尾（桃┐太郎）	前部末尾（桃┐次郎）
3 モーラ以上	後部初頭（力太┐郎）	後部初頭（力次┐郎）

　(53) からもわかるように，「X 太郎」と「X 次郎」は，X が 1 音節 2

モーラの場合に微妙な違いを示すが,「X＝1, X＝2, X≧3」という分割法で3つの異なる複合語アクセント型を示す点では,共通している．(51)に示した一般の複合名詞アクセント規則と比較してみると,「X太郎」「X次郎」は,Xが3(モーラ)以上の場合に一般の複合名詞と同じ規則性——すなわち後部要素の初頭音節にアクセント核を置く型——を示すようになり,「X＝1, X＝2」の2つの場合には,これとは異なる個別的な規則性を示すという知見が得られる．

本題からはずれてしまうが,この「X＝1, X＝2, X≧3」という三分法は,自然言語における一般的な分割法の1つである．自然言語の諸相を見てみると,1から始まる自然数の連続をこの3段階に分ける現象は,けっして珍しいことではない．たとえば名詞の数(number)を区分するさいに,単数・双数(＝両数 dual)・複数の3段階に区切る言語が少なくない．現代英語は,単数($N \leq 1$)と複数($N > 1$)の2段階に区分しているが,その祖語である印欧語は,単数($N \leq 1$),双数($1 < N \leq 2$),複数($N > 2$)という3段階の体系を有していた(松浪ほか編 1983)．二分法であれば1と2の間で境界を引き,三分法であれば,1と2の間と2と3の間でそれぞれ境界を設けるというのが,無標の数え方のようである．逆の見方をすると,1と2の間で切らずに2と3の間で切ったり,あるいは「1, 2, 3, 4以上」というような4段階への分節というものは,一般性に欠ける区分法であるように思われる．

次に,子供の言語獲得過程を見てみると,単語1つを発声するいわゆる「1語文」の段階に始まって,「ポンポン, いたい」,「ママ, チュキ(好き)」のような2語文の段階に進む．この後に「ノンタン(ちゃん), おなか, ちゅいた(すいた)」のような3語文の段階が存在するが,安定した3語文の段階というものはない．3語文を話せるようになるとすぐに,4語文,5語文も話せるようになるのである(Fromkin and Rodman 1974 / 1988)．このことは,文法獲得の段階も「1語文,2語文,多語文(つまり3語以上)」という3段階を経ていることを意味している．

同類の三分法は,部分的ながら日本語の伝統的な数字体系にも観察される．10, 20, 30 ... という数字列の読みを見てみると,10(とう)と20

(はたち)が，1 (ひとつ)，2 (ふたつ)とは異なる音形を持っているのに対し，30 以上は (54) に示すように，3, 4, 5 ... と語基を共有している．ここにも「1 と 2 が例外，3 以上が規則的」という構造が現れている．

(54) 　1 (ひとつ) ― 10 (とう)，　2 (ふたつ) ― 20 (はたち)，
　　　 3 (みつ) ― 30 (み<u>そ</u>)，　4 (よつ) ― 40 (よ<u>そ</u>)，
　　　 5 (<u>い</u>つ) ― 50 (<u>い</u><u>そ</u>)，　6 (<u>む</u>つ) ― 60 (<u>む</u><u>そ</u>)，
　　　 7 (<u>なな</u>つ) ― 70 (<u>なな</u><u>そ</u>)，8 (<u>や</u>つ) ― 80 (<u>や</u><u>そ</u>)

日本語の数字に関係するところでは，(55)のような「...人」という表現にも同様の構造が現れる．すなわち，「1 人」「2 人」のところでは，変則的な和語読みが現れ，「3 人」以上になると，「数字＋人(にん)」という規則的な読みが現れる．

(55) 　1 人(ひとり)，2 人(ふたり)，3 人(さんにん)，4 人(よにん)，5 人(ごにん) ...

「1 と 2 が例外，3 以上が規則的」という構造は，英語の数字体系にも現れる．11～19 までの数字を見てみると，eleven, twelve, thirteen, fourteen ... と，11 と 12 のところに eleven, twelve という語彙化された形が出てくる．この不規則な語形の後に，thirteen (= three + ten), fourteen (= four + ten) ... という規則的な数字列が続いている．

「1, 2, 3 以上」という三分法の原理は，英語の序数詞や反復数詞の体系にも見られる．順番を表す序数詞 (first, second, third, fourth ...) では，1 (= 1 番目の)と 2 (= 2 番目の)を表す序数詞だけが，基数詞とは独立した語構造を持っている．3 (= 3 番目)以上の序数詞はすべて，基数詞から派生によって作り出されたものである (third は three + d という語源を持つ)．また once, twice, three times, four times ... という反復数詞表現でも，1 と 2 を個別語彙で表し，3 以上は「基数詞＋times」という規則的な構造で表している．かつては three times に対して thrice という反復数詞が存在していたが，現代英語では規則的な構造に水平化されてしまっている．また，once, twice に対して one time, two times という表現も存在するが，これは歴史的にも新しい表現であり，また強調の意味が付加さ

90 第Ⅰ部 音節とモーラの機能

れるところから(荒木・安井編 1992)，once, twice ほど一般的なものとは言えない．このようなバリエーションを加味しても，「1，2，3以上」という原則は否定できないのである．

このように，X太郎とX次郎のアクセント規則の基底にある「1，2，3以上」という三分法は，日本語でも英語でも比較的一般性の高い原理なのである(窪薗 1998a)．

3.8 言語変化とモーラ

3.8.1 日本語の代償延長

本題に戻って，次に，分節音(母音，子音)の変化とモーラの関係を考えてみよう．2.9節で述べたように，母音が連続する構造(hiatus)は嫌われる傾向があり，言語はさまざまな方法でこの構造を避けようとする．日本語がその歴史の中で用いたのは，(56a) 母音脱落，(56b) 子音挿入，(56c) 母音融合の3つの手段であった．

```
(56)  a.  naga + ame   →  na.ga.me  （長雨）
          a.ra + i.so  →  a.ri.so   （荒磯）
          su.mi + i.re →  su.mi.re  （墨入れ＝すみれ(花)）
          a.ka + i.si  →  a.ka.si   （赤石＝明石(地名)）
      b.  ha.ru + a.me →  ha.ru.sa.me （春雨）
          ko   + a.me  →  ko.sa.me  （小雨）
          hi   + a.me  →  hi.sa.me  （氷雨）
      c.  na.ga + i.ki →  na.ge.ki  （長息＝嘆き）
          ha.ta + o.ri →  ha.to.ri (→ hat.to.ri) （機織り＝服部）
          te   + a.rai →  ta.rai    （手洗い＝盥）
```

ここで注目したいのが，(56c) の母音融合である．この分節音現象は，音色の異なる2つの母音を1つの音色に統一することで，頭子音が欠けた構造や二重母音を避けようとする．ところが，この種の分節音変化の出力には，(56c) のように母音が短母音のまま残る場合と，(57) のように母音が長く伸ばされる場合の，2種類が観察される．(57) は，日本語の歴史の中でも比較的新しい時代に起こったものであり，くだけた発音に特に顕

著に観察される．

(57) dai.kon → dee.kon （大根）
　　 o.ma.e → o.mee （お前）
　　 ka.e.ru → kee.ru （帰る）
　　 su.goi → su.gee （すごい）
　　 teu.teu → tyoo.tyoo （蝶々）
　　 i.ki.ma.seu → i.ki.ma.syoo （行きましょう）
　　 sen.sei → sen.see （先生）
　　 a.ri.ga.ta.ku → a.ri.ga.tau →a.ri.ga.too （ありがとう）

1つの音色に統一された母音が短く残るか，それとも長くなるかは，実はその言語の音韻体系と深く関わっている．モーラ性の高い言語は，単語のモーラ数を保持しようとする力が強いため，母音を長くすることによって入力の長さを保とうとする．(57)の「大根」を例にとると，「だいこん」が持っていた4モーラの長さを保つために，「でこん」ではなく「でえこん」となるのである．分節音の変化に伴う母音の長音化を，代償延長（compensatory lengthening）と言う．モーラを担っていた母音や子音が1つ減るのに伴い，その長さを補い，音節(あるいは語)全体の長さを保つために，母音が1モーラ分伸びる現象である．図式化すると(58)のようになる（σ=音節，μ=モーラ）．

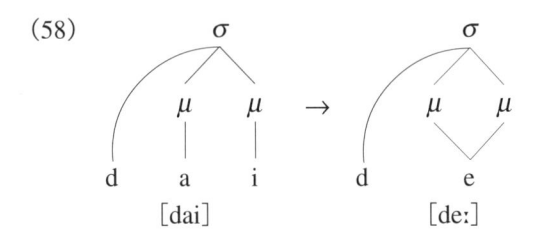

(58)
```
       σ                σ
      /|\              / \
     / μ μ      →    μ   μ
    /  |  |          |  /
    d  a  i          d  e
      [dai]           [de:]
```

これに対して，モーラ性の低い言語では，このような長母音化は起こらない．モーラで語の長さを数える必要性がない(低い)ために，音節数は保持しても，モーラ数は保持する必要がないのである．古代日本語が(56)のように短い母音を作り出したというのも，この言語がモーラ性の低い言

語であったことを示唆している(ちなみに,この言語には長母音と短母音の区別がなく,音韻的なモーラ性が生じる条件が整っていない(⇒ 1.4)).

同じように,現代日本語の中でモーラ性が低いとされる鹿児島方言でも,(58)のような母音の代償延長は起こらない.この方言では,高低のアクセント(音調)が音節を単位として決定されるだけでなく(⇒ 2.5.3),母音融合も音節を単位として生じる.古代日本語と同じように,音節数だけを保持し,モーラ数は保持しないのである.この方言の母音融合の例をいくつかあげる(左側が丁寧な発音,右側がくだけた発音である).

(59)　dai.kon 〜 de.kon　(大根)
　　　sai.goo.don 〜 se.go.don　(西郷さん)
　　　hai 〜 he　(灰)
　　　kyoo.dai 〜 kyo.de　(兄弟)

ところで,モーラ性の高い東京方言でも,語末の長母音は短くなる傾向を示す.(57)の中で「すげえ」が「すげ」,「ちょうちょう」が「ちょうちょ」,「いてえ」が「いて」となりやすいのは,このためである.これは母音融合とは独立した母音の変化であり,母音融合とは関係ない単語でも,語末の長母音が短くなりやすい(たとえば「愛想」が「あいそ」,「格好」が「かっこ」,「面倒」が「めんど」となる).

これに対してモーラ性の低い鹿児島方言では,語末だけでなく語中でも長母音が短くなりやすい.(59)の中で「兄弟」の第1音節が「きょ」と短くなったり,あるいは「爺さん」という語が「じさん」と発音されたりするのはそのためである.つまり,モーラ数を保持しようとする力が弱いために,長母音と短母音の区別があいまいになってしまうのである.

3.8.2　英語の代償延長

ここまでは,日本語の中でモーラと分節音変化の関係を見てきたが,英語にも,母音融合とそれに伴う母音の代償延長が観察される.

英語の歴史の中では,二重母音が長母音になったり,長母音が二重母音に変化する現象が,しばしば起こった.このうち,二重母音が単母音化

(monophthongization) する現象を見てみると，2母音の音色が統合されると同時に，短母音ではなく長母音が発生している．(60)に，14世紀〜17世紀——中英語後期 (Late Middle English) から初期近代英語 (Early Modern English)——に起こった，大母音推移 (Great Vowel Shift) と呼ばれる大きな母音変化の一部を示す ([x] は無声軟口蓋摩擦音).

(60) a. [au] → [ɔː]
caught [kauxt] → [kɔːt]
saw　[sau]　→ [sɔː]
b. [ai] → [ɛː] → [eː] (→ [eɪ])
maid [maid] → [mɛːd] → [meːd] (→ [meɪd])
say　[sai]　→ [sɛː]　→ [seː]　(→ [seɪ])

単母音化とは，同一音節にある母音連続——つまり二重母音——が，母音融合を起こす現象である．[a] と [u] がその中間の音色である [ɔ] に，また [a] と [i] が中間の音色 [e]，[ɛ] に融合することは，特に驚くことではない．ここで問題なのは，融合した母音が，短母音ではなく長母音になったという事実である．このことは，二重母音が短母音とではなく，長母音と同じ自然音群 (natural class) に入っていることを意味している．では，なぜ二重母音が長母音と同じ音群に入るかというと，両者が2モーラという共通の長さを持っているからである．つまり，短母音自体が1モーラの長さしか持たないのに対し，長母音と二重母音は2モーラの長さを持っている．仮に二重母音が融合して短母音に変わったとすると，母音の長さ(モーラ数)が減り，ひいては音節や語全体の長さが変わってしまうことになる．母音融合(単母音化)によって生じた母音を長母音にすることによって，母音の長さ，音節の長さ，そして語全体の長さをそれぞれ同一に保つことができたのである．

近代英語が確立される過程では，[iu] という二重母音が [juː]，さらには [uː] へと単母音化する過程 (61) も観察される (Moore and Marckwardt 1981). この二重母音が，短母音 [u] ではなく長母音 [(j)uː] へ変化したのも，(60)と同じくモーラの長さの保存を目指した代償延長によ

るものと解釈できる．

 (61) use [ius] → [juːs]
    rude [riud(ə)] → [ruːd]
    blew [bliu] → [bljuː] → [bluː]

 (60)と(61)は，母音の変化に伴う代償延長の現象であるが，子音の変化が母音の長音化を引き起こすこともある．(62)に示す中英語から近代英語にかけて起こった変化では，短母音 [i] が，後続する無声硬口蓋摩擦音 [ç] の消失に伴って，長音化している(その後，大母音推移によって二重母音化した)．

 (62) right [riçt] → [riːt] (→ [raɪt])
    fight [fiçt] → [fiːt] (→ [faɪt])

 (62)の変化で重要なことは，消失した子音が末尾子音の位置にあったことである．つまり，[ç] は音としては消えたが，自分が持っていた1モーラ分の長さを残し，先行する母音がその長さを受け継いでいる．この結果，語全体の長さ(モーラ数)は影響を受けなかったのである．この一連の変化を図示すると次のようになる．

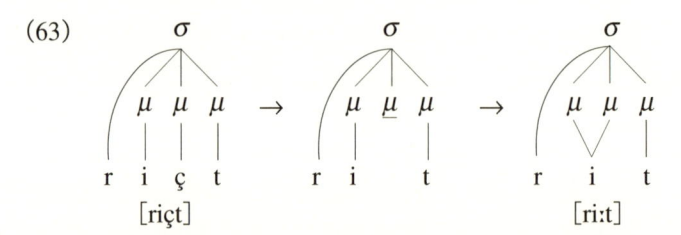

 (63)

 この種の代償延長は，/l/ や /r/ の消失に伴っても起きている．(62)の変化と前後して，中英語の /ɑ/ や /ɔ/ の母音と /k/, /m/ または /f/ の子音に挟まれた /l/ が，消失するという変化が起こった(Moore and Marckwardt 1981)．(64)に示すように，この消失に伴って，中英語期に短母音であったものが長母音(現代英語の張り母音)に発達している．

(64)　palm　[pɑlm]　→ [pɑːm]
　　　 half　 [hɑlf]　 → [hɑːf]
　　　 folk　 [fɔlk]　 → [fɔːk] (→ [foːk] → [fouk])
　　　 talken [tɑlkən] → [tɔːk] (talk)

　同様の代償延長が，/r/ の消失にさいしても起こった．イギリスの標準英語では，母音の後ろ，つまり末尾子音位置の /r/ が発音されなくなり，そのかわりに，先行する母音が長く発音されるようになった．/r/ が持っていた1モーラ分の長さを保持するために，母音が1モーラから2モーラの長さになったのである．

(65)　car　 [kɑr]　 → [kɑː]
　　　 work [wurk] → [wʌrk] → [wəːk]

　(62)–(65) に共通していることは，末尾子音位置の子音が発音されなくなったことに伴い，同じ音節の母音が長くなり，音節(単語)全体の音韻的長さを保っていることである．子音の脱落現象は頭子音の位置では起こりにくいようであるが，仮に起こったとしても，その脱落に伴って母音が長くなることはない (Hayes 1989)．英語の歴史では，たとえば頭子音位置の子音結合が簡略化される (66) のような変化が起こっているが，この子音脱落によって母音の長さが変化したということはなかった ((66d–f) は多数の例外を許す変化である)．頭子音はモーラを持たず，音節の長さに関与しないため，仮に消失したとしても，音節(単語)全体の長さに影響を及ぼさないためである．

(66)　a.　/kn-/ → /n-/　know, knee, knight
　　　 b.　/gn-/ → /n-/　gnat, gnaw
　　　 c.　/wr-/ → /r-/　write, wrong, wright
　　　 d.　/hw-/ → /h-/　who　(cf. what, when)
　　　 e.　/sw-/ → /s-/　sword　(cf. swan, swear)
　　　 f.　/tw-/ → /t-/　two　(cf. twenty, tweed)

　また，末尾子音位置の子音が脱落すると，必ず母音が長くなるわけでも

ない．たとえば，thing, sing では [ŋg] の [g] が，lamb などでは [mb] の [b] が，Christmas では [st] の [t] が脱落したが，先行母音の音量は変化していない．これらの脱落子音が母音と隣接していなかったことに関係していると思われる．

その一方で，Hayes (1989) は，代償延長が音節境界を越えても起こりうることを，英語の語末母音脱落を例に論じている．この分析によると，たとえば tale という語は語末母音が脱落したことに伴い，先行音節の母音が長くなったもの（[tɑ.lə] → [tɑːl]）と解釈される（その後，大母音推移によって現代英語の音形 [teɪl] へと発展する）．これは，3.4.1節の(20b)で紹介した中英語期の開音節長母音化を，語末母音の脱落と関連づけた解釈である．語末母音の脱落と強勢母音の長音化が同時期に起こったという前提が歴史的に正しいかどうか疑問が残るが，モーラの役割を考えるうえでは興味深い分析であろう．

英語の単母音化や代償延長については，まだわからないことが多い．しかし，日本語(東京方言)よりもモーラ性が低いと言われる英語においても，母音融合という分節音変化に伴って代償延長が起こり，音節や語のモーラの長さを保存しようとする傾向が見られることは，興味深いことである．Hayes (1989) によると，母音や末尾子音の脱落に伴う代償延長の現象は，英語や日本語だけでなく，自然言語に広範囲に観察されている．(67)にラテン語の例をあげる．

(67) kas.nus → kaa.nus 'while, grey'
　　　 kos.mis → koo.mis 'courteous'

最後に，代償延長による長母音化は，3.4節で論じた長母音化とは異なる性格を持っていることを指摘しておきたい．代償延長が，同一単語(あるいは同一音節)内における分節音の脱落という条件によって生じるのに対し，3.4節で論じた母音の音量変化は，このような環境的な条件を持たず，特定の音節構造・音節量を目指して起こるものである．

第 II 部

音節の理論と構造

第4章　英語の単語の音の並び

4.1　英語の音素と音節構造

　単語は，音が並んでできている．しかし，単に音を勝手に並べたのでは単語にはならない．それぞれの音を単語のどの場所に使うことができるかについては，言語によって好き嫌いがある．たとえば英語においては，[ŋ]という音は，singのように単語の終わりには問題なく使うことができるが，単語の始めに使うことはできない．[h]は，[ŋ]とはちょうど逆である．つまり[h]は，hipのように単語の始めには使われるが，単語の終わりには使うことができない．

　また，別の例として，阻害音(obstruent)と呼ばれる種類の音が単語の始めに現れる場合を考えてみよう．阻害音がどのようなものかは，後に詳しく述べる．ここでは，阻害音とは，(1)に示したような単語の始めに用いられている音であるとしておく．さらに，阻害音は，ある基準により閉鎖音と摩擦音に分けることができる．さらに，別の基準に基づいて，無声音と有声音に分けることもできる．それぞれの基準についても，後に詳しく述べることにする．

　(1)　英語の単語の始めに使われている阻害音

	閉鎖音			摩擦音			
無声音	[p] pin	[t] tin	[k] kin	[f] fun	[θ] thin	[s] sin	[ʃ] shin
有声音	[b] bin	[d] din	[g] gun	[v] van	[ð] this	[z] zinc	[ʒ] —

この位置は，単語の始めで，すぐに母音が続いているような位置と言え

る．このような位置では，単独の音としてであれば，閉鎖音（[p, b, t, d, k, g]）も摩擦音（[f, v, θ, ð, s, z, ʃ]）も，無声のものも有声のものも使うことができる．しかしながら，これらの阻害音に [r] が続いているような場合を考えてみると，閉鎖音と摩擦音では事情が違っていることがわかる．閉鎖音は，無声の音も有声の音も使うことができ，[pr-, br-, tr-, dr-, kr-, gr-] がこの位置に見つかる．しかしながら摩擦音は，無声のもの（[fr-, θr-, ʃr-]）は見つかるが，有声のもの（[vr-, ðr-, zr-]）は見つからない．

（2） 英語の単語の始めの阻害音 + [r]

	閉鎖音			摩擦音			
無声音	[p] print	[t] tree	[k] cry	[f] fry	[θ] three	[s] —	[ʃ] shrimp
有声音	[b] brew	[d] dry	[g] green	[v] —	[ð] —	[z] —	[ʒ] —

（1）と（2）を詳しく見ると，まだいくつか不思議なことがある．たとえば，単独の子音として [ʃ] は許されるのに，これに対応する有声音 [ʒ] が許されないことや，[r] の前の位置に [ʃ] は許されるのに，[s] が許されないなどである．これらの点については，後ほど扱うことにする．

ある音がどの位置に使うことができるかを言い表すさいに，その音が使われる位置をどのように表現するかということが重要になる．後に明らかになるように，「単語の始め」や「単語の終わり」という言い方では，英語の音の並びをうまく捉えることができない．音がいくつか集まった「音節」（syllable）という単位を想定して，この音節という単位に基づいてはじめて，音の並びをうまく把握することができるようになる．つまり，音節という単位の構造上の位置と，その位置に使うことができる音素の目録（inventory）との間には，非常に興味深い関連があるということである．

4.2 英語の音節構造

このように，音節構造と音素の目録の間には興味深い関係があるので，まず，暫定的に英語の音節が下の（3）ような構造を持つと考えるところから始めて，しだいに精密な構造を探っていくことにする．(3) で（ ）

をつけた要素は，構造にかならずしも現れない場合もあるという意味で，随意的（optional）であることを示している．

まず，音節（σで表す）は，随意的な頭子音（Onset）と韻（Rhyme）に分けられる．さらに，韻は，音節核（Nucleus）と随意的な末尾子音（Coda）に分けられる．

（3）　英語の音節構造

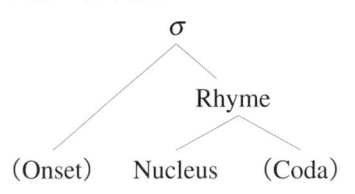

```
            σ
           / \
              Rhyme
         /    |    \
    (Onset) Nucleus (Coda)
```

音節は，その構造に従い，開音節（open syllable）と閉音節（closed syllable）の2種類に分類できる．開音節とは，母音で終わる音節のことであり，閉音節とは，子音で終わる音節のことである．それぞれの構造を実例とともに（4）に示す．（4a）が開音節の例（'key'）であり，（4b）が閉音節の例（'kit'）である．

（4）　開音節と閉音節

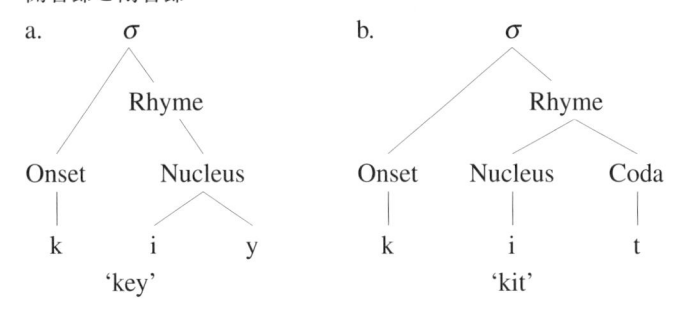

```
  a.      σ                    b.      σ
         / \                          / \
            Rhyme                        Rhyme
       /    |                        /    |    \
   Onset  Nucleus                Onset Nucleus Coda
     |    /  \                     |     |      |
     k   i    y                    k     i      t
        'key'                           'kit'
```

4.3　英語の分節音の目録

英語の音節の構造について詳しく考察する前に，英語で用いられる分節音（segment）の目録を完成させてみよう．まず，英語の母音の目録について考察し，続いて，英語の子音の目録を完成させることにする．英語に

はいろいろな方言があり，特に母音は，数や音色がかなり異なる．以下の議論では，特にアメリカで標準的であるとみなされている方言を念頭においている．

4.3.1 英語の母音の目録

通常，母音の分類は，舌の盛り上がりが前寄りか後ろ寄りか，舌の盛り上がりの高さがどれだけか，唇の形が丸いか否か，調音時に緊張を伴うか否か，調音時間が長いか短いかなどの基準に基づいて行われる．以下では，特に音節の構造と関わりのある側面だけを検討する．

(5)に，アメリカ英語で使われる母音を実例とともに示してある．英語の母音は，音節構造との関係で2つに分けられる．開音節の音節核になりえる母音を開放母音 (free vowel) と呼び，閉音節にしか現れない母音を抑止母音 (checked vowel) と呼ぶ．さらに，母音は，強勢との関係で二分される．強勢のない位置に現れる弱母音 (weak vowel) と，それ以外の位置，つまり，なんらかの強勢を受けた位置に現れる強母音 (strong vowel) である．弱母音は，弱化母音 (reduced vowel) と呼ばれる場合もある．（なお，/y, w/ の使用については，pp. 105–106 を参照されたい．また，[i, ə, u] は，後で観察するように，音素としての地位について意見が分かれるため，音声表記であることを示す [ ] を用いた．他の母音の表示には音韻表記であることを示す / / を用いた．）

(5) 英語の母音

/iy/ beat		/uw/ boot	/aw/ bout
/ɪ/ bit		/ʊ/ foot	/ay/ bite
/ey/ bait		/ow/ boat	/yuw/ cute
/ɛ/ bet	/ʌ/ hut	/ɔ/ cloth	/ɔy/ coit
/æ/ bat		/ɑ/ hot	
[i] happy	[ə] comma	[u] influence	

さらに，母音の音韻的な長さという基準も，母音を分類するうえで重要

である．開放母音は，弱母音を除くとすべて長母音と二重母音で，音韻的にも音声的にも長いと解釈できる母音である．もし，抑止母音が音韻的に短いと解釈できれば，おさまりがよくなる．つまり，長い母音が開音節にも閉音節にも現れることができ，短い母音は開音節には現れず，閉音節にしか現れないと言えるからである．

(6) 母音の分類基準(特に音節構造と関わるもの)
    a. 音節の構造に基づくもの
       開放母音：開音節に出現可能である母音
       抑止母音：開音節に出現できない母音
    b. 強勢の有無に基づくもの
       強　母　音：強勢のある位置に起こる母音
       弱　母　音：強勢のない位置に起こる母音
    c. 音韻的長さに基づくもの
       長　母　音：音韻的に長いと解釈される母音
       短　母　音：音韻的に短いと解釈される母音

英語の母音の音韻的な長さを考えるさいに，とりわけ複雑なのが，cloth や hat に含まれる奥舌の低母音 /ɔ, ɑ/ の現れである．これらの母音は，特にアメリカ英語では，音声的に長く発音されることが普通である．このことに基づいて，それぞれ，/ɔː/ や /ɑː/ のように母音が長いことを表す記号である /ː/ を用いて表記する研究者も多い．また，ほぼ同じ音色の母音が，saw や spa のような母音で終わる開音節を持つ単語に，開放母音として現れる．このような事実から，これらの母音を長い母音として分析できるかもしれない．

しかしながら，これらの母音は，他の長母音や二重母音などとは，音韻的には異なった振る舞いをし，むしろ，短母音と似た振る舞いを示す場合がある．たとえば，単一形態素からなる単語では，[ft] という子音の連鎖は，短母音に続く位置には現れることが可能であるが，長母音や二重母音に続く位置には現れない．つまり，shift [ʃɪft] や left [lɛft] は可能な英単語であるが，*[biyft] や *[bayft] は，英語の単語としては許されないということである．(複数の形態素からなる単語には，beefed や knifed

のように，このような連鎖が可能である．）ところが，/ɔ/ や /ɑ/ に続いて [ft] が現れる単語は，実際に存在する．(croft, loft, oft, soft, toft などの単語に含まれる母音は，アメリカ英語においては，[ɔ:] または [ɑ:] のいずれかで発音される．また，イギリス英語においては，aft, craft, daft, draft, draught, graft, haft, raft, shaft などの語に含まれる母音は，多くの場合 [ɑ:] であるが，アメリカ英語では [æ] を用いて発音されることが一般的である．）

以上の考察から，[ɔ:] や [ɑ:] と発音される母音は，開音節に現れる場合は音韻的に長いと解釈し，閉音節，とりわけ [ft] のような子音の連鎖の前に現れる場合は，音韻的に短いと考えることにする．詳しくは，音節構造をさらに詳細に考察するさいに論じることにする．

(7) a. 強母音の分類
     長母音＝開放母音　/iy, ey, uw, ow, aw, ay, yuw, ɔy, ɔ, ɑ/
     短母音＝抑止母音　/ɪ, ɛ, æ, ʌ, ʊ, ɔ, ɑ/
  b. 弱母音 [i, ə, u]：　開音節にも閉音節にも用いられる．

次に，happy, comma, influence などの単語の下線部に含まれる母音 [i, ə, u] について考えてみよう．これらは弱母音と呼ばれ，強勢のない音節にしか現れない．これらの母音の音色は，強勢のある音節にしか現れない強母音である /ɪ, ʌ, ʊ/ の音色と，よく似ている．一方が現れる環境では他方は現れないような場合，この両者は，相補分布をなしていると言う．相補分布をなす2つのものは，同じものが状況に応じて別の姿で現れている可能性がある．この事実をふまえて，これらの母音をそれぞれ，/ɪ, ʌ, ʊ/ と同一視することが可能かもしれない．しかしながら，/ɪ, ʌ, ʊ/ などが閉音節にしか現れないのに，[i, ə, u] は開音節と閉音節のいずれにも現れることが可能であることを根拠に，別個の体系をなすと考える研究者もいる(竹林 1996)．

(8)は，ここまでの観察をふまえ，母音を分類し，実例とともに示したものである．下線で示されている綴りに対応する母音を，記号を用いて示してある．(8a)と(8b)に示された母音は，強勢のある開音節に現れた

第4章 英語の単語の音の並び　105

開放母音で，音韻的に長いと解釈できる母音である．(8c)に示された母音は，強勢のある閉音節に現れた抑止母音で，音韻的に短いと解釈できる母音である．cloth [ɔ] や hot [ɑ] に含まれる母音は，音声的にはかなり長めに発音されるにもかかわらず，音韻的には短いと解釈される点に再度注意していただきたい．(8d)に示された母音は，開音節に現れた母音であるが，強勢を受けない母音であって，音韻的な長さは短いとしてかまわないであろう．

(8) 英語の母音の長短に基づく分類
 a. bee [iy], bay [ey], two [uw], toe [ow], cow [aw], tie [ay], cue [yuw], boy [ɔy]
 b. saw [ɔ], spa [ɑ]
 c. bit [ɪ], bet [ɛ], bat [æ], hut [ʌ], foot [ʊ], cloth [ɔ], hot [ɑ]
 d. happy [i], comma [ə], influence [u]

表記に関して，いくつか注意がある．ここで採用している表記方法は，国際音声字母 (International Phonetic Alphabet: IPA) の音声表記やその他の表記方法とは，かけ離れた点もいくつか含まれる．まず，短母音には1つの字母を与え，長母音や二重母音には，複数の字母の組み合わせを与えるという原則に基づいて表記されている．たとえば，beatに含まれる母音を /iy/ としている．cute に含まれている母音は，/yuw/ と3つの字母を用いて表記されている．これは，1つの字母を用いて表記される短母音が，音韻的に1単位の長さ（モーラ）を持つのに対して，長母音や二重母音が2単位の長さを持っていると考えると便利であるからである．この原則との関係では，saw [ɔ] や spa [ɑ] に含まれる母音の表記は，例外的である．つまりこれらの母音は，上の議論により，長い母音であるとされているが，1つの字母を用いて表記されているからである．

音声記号 /y/ は，IPA では，唇に丸めを伴う前舌高母音を表すために用いられる．しかしながら，ここでは，beat, bait, bite などの語に現れる長母音や二重母音の後半要素に，わたり音（glide）として現れる半母音，および cute のような語の入りわたり（on-glide）に見られる半母音を表示

するために用いている．IPA では，これらのわたり音を /j/ を用いて表示するが，英語の正書法では，'y' は半母音を表すことが一般的であるのに対して，'j' は子音を表すことが一般的であるので，この音を表すために /y/ を用いることにした．

　また，boot, boat, bout, cute などに含まれる長母音や二重母音は，それぞれ /u, ou, au, yu/ のように表記される場合もある．しかしながら，これらの母音の後半要素に現れるわたり音も半母音であることを明示的に示すために，/w/ の記号を用いることにした．この表記法により，これらの母音が 2 モーラの長さがあることが表示されることになる．

　繰り返しになるが，ここで採用している表記法では，特に母音の音韻的長さに配慮していることに注目していただきたい．1 つの字母を用いて表示されている母音は短く，音韻論的には 1 つ分のモーラに対応するのに対して，複数の字母を用いて表示されている母音は長く，音韻論的には 2 つ分のモーラに対応すると考えることになる．

4.3.2　英語の子音の目録

　次に，子音について考えてみる．母音の場合は，方言間で大きな差異が見られることを指摘したが，子音ではそれほど大きな差異は見られない．たしかに，母音間などでの /t, d/ の異音や /r/ や /y/ の分布，/l/ の音色などに方言差が見られるが，ここでは詳しく論じない．

　記号についての注意点がいくつかある．記号の使い方については，基本的には IPA に従った．半母音の表示については，母音の表示との関わりですでに述べた．音声記号 /ʃ, ʒ, tʃ, dʒ/ は IPA で定められているものだが，アメリカの研究者などを中心に，それぞれ /š, ž, č, ǰ/ を用いて表記する習慣もある．

　子音は，調音方法，調音位置，および声帯の振動の有無の，3 つの次元で分類される．まず，調音方法を見てみる．閉鎖音（stop）とは，その名のとおり，呼気が口腔内のどこかでいったんせき止められて作られる音である．摩擦音（fricative）とは，呼気が口腔内のどこかにできている狭め（stricture）で，激しくぶつかり，摩擦が生じることによって作られる音で

（9） 英語の子音

調音方法		唇	舌頂			軟口蓋	声門
			歯	歯茎	後部歯茎		
閉鎖音	無声	/p/		/t/		/k/	
	有声	/b/		/d/		/g/	
摩擦音	無声	/f/	/θ/	/s/	/ʃ/		/h/
	有声	/v/	/ð/	/z/	/ʒ/		
破擦音	無声				/tʃ/		
	有声				/dʒ/		
鼻音		/m/		/n/		/ŋ/	
流音	側音			/l/			
	接近音			/r/			
半母音		/w/			/y/		

ある．破擦音（affricate）とは，その前半部分が閉鎖によって作られ，その後半が摩擦によって作られる音である．閉鎖音と摩擦音と破擦音は，まとめて阻害音（obstruent）と呼ばれる．鼻音（nasal）とは，口腔内では閉鎖が起こるが，口蓋垂が下がることにより鼻から呼気が流出し，鼻腔内で声が響くことで作られる音である．流音（liquid）とは，口腔内に，呼気の流れを妨げない程度の狭めによって作られる音である．英語では，舌の両側を呼気が流れる側音（lateral）である /l/ と，舌先の上げや舌の盛り上げによって作られる接近音（approximant）である /r/ が，流音に分類される．半母音（semivowel または glide）とは，高母音の調音とほぼ同じものが子音の現れる位置に起こったものと言える．鼻音，流音，半母音は，まとめて共鳴音（sonorant）と呼ばれる．声帯の振動を伴う音を有声音（voiced）と呼び，振動の伴わないものを無声音（voiceless）と呼ぶ．英語では，共鳴音は通常，有声音である．一方，阻害音は有声のものと無声のものとがある．音節構造との関係では，阻害音（閉鎖音，破擦音，摩擦音）と共鳴音（鼻音，流音，半母音）という区別が重要である．英語では，調音位置によって，唇音（labial），歯音（interdental），歯茎音（alveolar），

後部歯茎音（post-alveolar），軟口蓋音（velar），声門音（glottal）が区別される．歯音，歯茎音，後部歯茎音は，舌の先を用いて発音されるので，まとめて舌頂音（coronal）と呼ばれる．

では，語頭における具体例を見てみよう．語頭には，/ŋ/ は現れない．また /ʒ/ も，外来語のいくつか（genre [ʒɑnrə] など）には語頭に現れる場合が見つかるが，基本的には，語頭には見つからない．

(10) 語頭に見られる子音

/p/ pin		/t/ tin		/k/ kin
/b/ bin		/d/ din		/g/ gun
/f/ fun	/θ/ thin	/s/ sin	/ʃ/ shin	
/v/ vim	/ð/ this	/z/ zinc	/ʒ/ —	
			/tʃ/ chin	
			/dʒ/ gin	
/m/ man		/n/ nun		/ŋ/ —
		/l/ long		
		/r/ run		
/w/ win			/y/ yet	/h/ hit

次に，語末における具体例を見てみよう．語末には，/h/ 以外のすべての子音が現れる．

(11) 語末に見られる子音

/p/ cap		/t/ cat		/k/ tack
/b/ cab		/d/ cad		/g/ tag
/f/ half	/θ/ death	/s/ close	/ʃ/ push	
/v/ halve	/ð/ swathe	/z/ close	/ʒ/ rouge	
			/tʃ/ touch	
			/dʒ/ judge	
/m/ Kim		/n/ kin		/ŋ/ king
		/l/ bell		
		/r/ bear		
/w/ cow			/y/ pie	/h/ —

　次に，語中における具体例を見る．ここで言う語中とは，単一の形態素からなる1語の中の，2つの母音にはさまれた位置のことである．この位置には，ほぼすべての子音が単独で現れることが可能であるが，/h/ の分布は限られていて，後続する母音に強勢が置かれていなければならない．また，/ŋ/ の分布にも制限がある．/ŋ/ は，単一の形態素からなる単語では，母音間には現れず，finger, hunger の語中に見られるように，いつも /g/ に後続される．単語の内部で /ŋ/ が単独で母音間に生じるのは，sing や hang のように，/ŋ/ で終わる動詞に，動作主を表す接尾辞 -er や，現在分詞または動名詞の -ing が後続する場合に限られる．動作主を表す接尾辞と同じ音形を持つ形容詞の比較級を示す接尾辞 -er が，/ŋ/ で終わる形容詞に後続する場合には，longer のように /ŋg/ が用いられる．形容詞の最上級の -est でも同様のことが起こる．

110　第II部　音節の理論と構造

(12)　語中に見られる子音

/p/ happy		/t/ letter		/k/ rocket
/b/ rabbit		/d/ body		/g/ mega
/f/ muffin	/θ/ method	/s/ message	/ʃ/ usher	
/v/ river	/ð/ mother	/z/ visit	/ʒ/ measure	
			/tʃ/ kitchen	
			/dʒ/ budget	
/m/ hammer		/n/ dinner		/ŋ/ singer
		/l/ colar		
		/r/ carry		
/w/ power			/y/ bias	/h/ Ahab

　さて，これらの音素は，実際にはさまざまな異音（allophone）として実現する．たとえば，無声閉鎖音 /p, t, k/ の異音について考えてみる．

(13)　/p, t, k/ の異音

	語頭	語頭の /s/ に後続する位置
/p/	pan [pʰæn]	span [spæn]
/t/	tan [tʰæn]	Stan [stæn]
/k/	can [kʰæn]	scan [skæn]

　無声閉鎖音が語頭に現れる場合と，語頭の /s/ に後続する場合では，その調音の様式がかなり異なっている．語頭に現れる場合は，閉鎖音の破裂から母音の調音のための声帯の振動が始まるまでの間に，息が漏れる区間がある．このような「息の漏れる区間」を気息（aspiration）と呼び，気息を伴った閉鎖音は，有気音（aspirated）と呼ばれる．一方，無声閉鎖音が語頭の /s/ に後続する位置に現れる場合は，このような気息は非常に弱いか，ほとんどなく，無気音（unaspirated）として実現する．この異音の分布は，「語頭」という環境が重要であると考えるよりも，音節または音節

よりもさらに大きな単位であるフット (foot) という単位を取り入れて考えたほうが，より事態を正確に捉えることができる．

　他の音素も，それぞれがさまざまな異音として実現する．無声閉鎖音の異音については，音節との関わりがあるために取り上げたが，すべての音素の異音について取り扱うことは，本書の目的から外れるので行わないことにする．

4.4 分節音の配列

　これで，英語に現れる音素のリストが完成した．また，それぞれの音素がさまざまな異音を持つ可能性も指摘した．しかし，当然ながらこれだけでは，音韻論の仕事が終わったとはとうてい言えない．さまざまな仕事が残っている．たとえば，ここにあげられている音素を単に羅列しても，単語にならない．例として，/p, ε, t/ の3つの音素を取り出して可能な配列を作ってみると，下の (14) のようになる．

　　(14)　/p, ε, t/ の可能な配列
　　　　　/pεt/　*/ptε/　*/εtp/　?/εpt/　*/tpε/　?/tεp/

6つの可能性のうち，実際の単語として見つかるのは /pεt/ のみである．他の配列は，実際の単語としては見つからない．しかしながら，*/ptε/, */εtp/, */tpε/ の3つからなるグループと，?/tεp/, ?/εpt/ の2つからなるグループには，大きな違いがある．多くの英語の母語話者は，前者を英語では不可能な配列であると感じるが，後者は，英語の単語としては実際には存在しないが，英単語として可能であると感じる．さらに話者によっては，?/tεp/ と ?/εpt/ の間に見られる微妙な差に気がつくかもしれない．そのような話者にとって，前者は，単独の成分からなる単語としか考えられないが，後者は，単独の成分からなる単語である可能性と同時に，/εp/ と /t/ の2つの成分(形態素)からなる単語である可能性もあると感じるかもしれない．

　このような，音素の配列を支配している規則性を探ることを目的とする学問分野を，音素配列論 (Phonotactics) と呼ぶ．本書の目的は，音素配

列論について，特に音節構造との関係を考察することである．その手がかりとして，次の章では，分節音の聞こえ度に基づく音節の理論を検討する．

第5章　聞こえ度に基づく音節の理論

　音節と聞こえ度 (sonority) とは，非常に深い関係にあると考えられている．以下では，まず，聞こえ度に基づいた音節の理論とはどのようなものであるかを検討し，さらに，その問題点を探ってみることにする．聞こえ度に基づく音節の理論を検討するためには，まず，聞こえ度とは何であるかを定義する必要があるであろう．聞こえ度の定義については，音響的特性，調音的特性，音韻論的性格などのさまざまな観点からの定義があるが，ここではおおむね，「ある分節音の聞こえ度とは，他の分節音との比較における大きさ (loudness) のことである」(Giegerich 1992, 132) という理解から出発することにする．以下に，Giegerich がその著書 Giegerich (1992) の第6章で展開している提案を中心にして，検討を加えることにする．

5.1　聞こえ度の尺度

　それぞれの分節音は，聞こえ度に従って順位をつけることができると考えられている．無声閉鎖音が最も聞こえ度が低く，低母音が最も聞こえ度が高く，その他の分節音の聞こえ度は，この両端の間に位置すると考えられている．英語の分節音を聞こえ度の尺度に従って整理すると，(1) のようになる．二重母音 /iy, uw, ey, ow, ɔy, ay, aw/ などは，その出だしの部分から終わりに向かって，聞こえ度が滑らかに変化していると考えることになるが，(1) では，出だしの部分の聞こえ度に基づいて分類した．

114　第II部　音節の理論と構造

(1)　聞こえ度の尺度
1. 無声閉鎖音　/p, t, k/
2. 有声閉鎖音　/b, d, g/
3. 無声摩擦音および破擦音　/f, θ, s, ʃ, tʃ/
4. 有声摩擦音および破擦音　/v, ð, z, ʒ, dʒ/
5. 鼻　　音　/m, n, ŋ/
6. 流　　音　/l, r/
7. 半母音　/y, w/
8. 高母音　/iy, ɪ, uw, ʊ/
9. 中母音　/ey, ɛ, ʌ, ə, ɔ, ow, ɔy,/
10. 低母音　/ay, aw, æ, ɑ/

このような聞こえ度の尺度に基づいて，音節が従うべき (2) のような一般化が想定されている．

(2)　聞こえ度配列の一般化（Sonority Sequencing Generalization）：音節の内部には，聞こえ度の頂点をなす分節音が1つ存在し，その前後には，頂点から外側に向けてしだいに聞こえ度が減少していくように分節音が配列される．

(Selkirk (1984, 116) の (12))

(2) の一般化を，以下で SSG と呼ぶことにする．SSG に従えば，音節とは，聞こえ度の頂点となる分節音がその中心にあり，その前後に外に向かってしだいに聞こえ度が低くなるように分節音が配列されたものであるということになる．

5.2　音節の数と聞こえ度

さて，SSG を想定すると，音節の数は，聞こえ度の山の頂点の数とほぼ一致すると言ってよい．ただし，いくつかの限られた場合に，音節の数と聞こえ度の山の頂点の数が一致しない場合があるので，後ほど考察する．

いくつか例を見ながら，聞こえ度と音節の関係を見てみよう．まず，1音節語の clamp について考えてみよう．この語は，音素の連続として書

き表すと，概略，/klæmp/ となるであろう．(1) の聞こえ度の尺度に照らし合わせてみよう．まず，/k/ は /l/ より聞こえ度が低い．さらに，/l/ は /æ/ より聞こえ度が低い．さらに，/æ/ は /m/ より聞こえ度が高く，/m/ は /p/ より聞こえ度が高い．この単語の聞こえ度の外見 (sonority profile) をグラフにして表してみよう．縦軸に聞こえ度の尺度を，そして横軸に時間経過を置いて折れ線グラフにして示してみると，(3) のようになる．この図では，たしかに聞こえ度の山が 1 つである．つまり，聞こえ度の山の数と音節の数が一致している．

（3） clamp の聞こえ度の外見

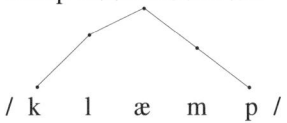

/ k　l　æ　m　p /

次に，2 音節と考えられている語について考えてみる．たとえば Andrew という語は，次のような音節の外見を持つことになる．

（4） Andrew の聞こえ度の外見

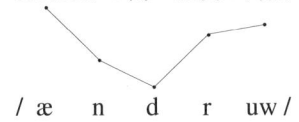

/ æ　n　d　r　uw /

ここでは，1 つの谷をはさんで，2 つの山の頂点があると言える．すなわち，この語は音節を 2 つ備えていると言える．山と言うには，両端が崖になっていていかにも不安定な形であるが，音節の山の場合は，まわりより高ければ頂点とみなす．

最後に，同じ分節音を含みながら，音節の数が異なると考えられている場合について見てみよう．たとえば，alp / apple や lilt / little などの単語の組では，含まれている音素は同じだが，その配列順序が異なっている．音素の配列順序が異なると，音節の数が異なる場合が出てくる．現在，問題にしている例では，一方は 1 音節語とされ，他方は 2 音節語とされる．(5) に lilt と little を例として，聞こえ度の外見を示す．

（ 5 ） lilt と little の聞こえ度の外見

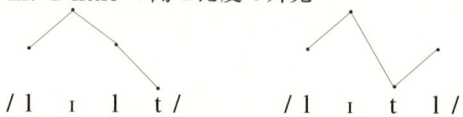

/ l ɪ l t /　　　/ l ɪ t l /

　ここまで見た例では，SSG に基づいた理論が適切な予測をしていた．つまり，音節の数が，（1）の聞こえ度の尺度に基づいて描いた，聞こえ度の外見における頂点の数に対応していたということである．次の節では，聞こえ度に基づいた考え方の問題点について考えてみる．

5.3　聞こえ度に基づく理論の問題点

　SSG だけに基づく理論では，音節とは，聞こえ度の山に対応することになる．つまり，1 つの音節は，それぞれ，1 つの聞こえ度の頂点と結びついているということである．聞こえ度の尺度を適切に定義すれば，どのような言語のどのような単語であっても，聞こえ度には山と谷が生じることになり，その山が音節に対応することにすれば，どの言語の音節も聞こえ度の山に対応しているという意味において，言語普遍的と言える．しかしながら，SSG だけに基づいた考え方では，言語普遍を考える以前に，そもそも英語に見られる音素配列に関する規則性を十分に捉えることができない．たとえば，Giegerich (1992) は，次の 4 つの点を問題であるとしている．(6a, b) は，複数の音節が関わる場合の問題点であり，(6c, d) は，1 つの音節からなる場合の問題点である．

（ 6 ）　聞こえ度に基づく音節理論の問題点
　　　a.　音節化の領域の問題
　　　b.　音節の境の問題
　　　c.　*/smyawlmp/ や */knæmp/ の問題
　　　d.　聞こえ度の頂点の問題

　まず，(6a) の音節化の領域の問題について考えてみる．これは，分節音の並びが音節に組み込まれるさいに，どのような領域にある分節音を同じ音節に組み込んでよいのかを決めるための要因の問題である．たとえ

ば，hidden aims と hid names という 2 つの句の分節音の並びは，/hɪd-neymz/ である．もし，音節が聞こえ度だけに基づいて定義されるとしたら，どちらの句も同じ音節を含むことになる．しかし，これは事実に反しているようである．多くの英語話者は，前者を 3 音節からなり，後者を 2 音節からなると考えるようである．その理由は明らかである．つまり前者は，2 音節の単語 hidden と 1 音節の単語 aims を成分として含むような句であるが，後者に含まれる 2 つの単語 hid と names は，ともに 1 音節の単語であり，あわせて 2 音節である．このことは，音節を考えるさいに，聞こえ度だけではなく，単語の境というものを考慮に入れる必要があることを示唆している．

次の (6b) の音節の境の問題とは，SSG に基づくだけでは，音節の頂点は明らかにできるが，音節の境がどこにあるかはっきりしないということである．たとえば，aroma や phonology のような単語は，それぞれ，a.ro.ma と pho.no.lo.gy のような音節に区切られると考えるのが一般的である．聞こえ度だけに基づいて考えれば，この 2 つの単語は，これ以外の区切り方もできるはずである．たとえば，phonology を phon.ol.og.y のように区切っても，1 つ 1 つの区切りは，聞こえ度の頂点を 1 つだけ持つような音素の連続になるということである．一般に，母音の間の子音列は，聞こえ度の観点からだけでは，どちら側の母音と同じ音節に属するか決定できず，複数の音節化の可能性が生じてしまう．この問題を解決する方策としては，複数の音節化を等しく認めるような立場から，いずれかの音節化しか認めない立場まで，さまざまな立場がありえる．多くの音韻論者は，母音に挟まれた子音列をできるかぎり，後続する母音と同じ音節の頭子音として音節化するべきであるという立場を支持しているようである．

第三の問題点 (6c) は，単一の聞こえ度の頂点を持つような音連鎖の中には，音節としては不適格なものがあるということである．たとえば */smyawlmp/ という音連鎖は，(7) の図からも明らかなように，聞こえ度の頂点は 1 つだけである．SSG だけに基づいて考えると，この音連鎖は，音節として適格ということになってしまう．この音連鎖が英語の音節として不適格な理由を，1 つの音節に盛り込める分節音の数に制限がある

ことに求めることができるかもしれない．

（7） */smyawlmp/ という音連鎖の聞こえ度の外見

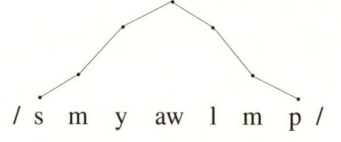

/ s m y aw l m p /

しかし，たとえば，*/knæmp/ のような場合は，このような理由，つまり，1つの音節に盛り込める分節音の数に制限があるとするだけでは排除できない．つまり，/klæmp/ のような連続が英語として適格だからである．含まれている音素の数が同じであることに加えて，どちらも，音節の端から中心に向かってしだいに聞こえ度が高くなるように音素が配置されている．このことは，さらに，聞こえ度に基づく音節の理論が精密化されなければならないことを示している．

（8） */knæmp/ と /klæmp/ の聞こえの度の外見

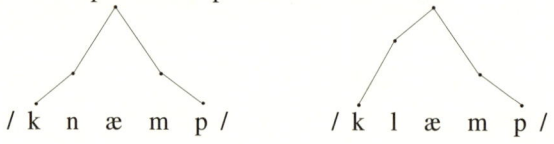

/ k n æ m p /　　　/ k l æ m p /

次に，sticks という語について考えてみよう．多くの音韻論者は，この語を1音節からなると考える．しかし，(9) の図からも明らかなように，聞こえ度の頂点が3つある．

（9） sticks の聞こえ度の外見

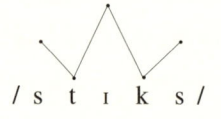

/ s t ɪ k s /

聞こえ度の頂点の数が音節の数と一致するという立場をとると，sticks という語が，1音節からなると言うわけにはいかなくなる．また，little や apple のような単語を2音節と考える立場があることを，すでに紹介した．このような単語の場合，2音節目の聞こえ度の頂点の位置を，子音である

/l/ が占めていることになる．このような子音を，音節の核をなすことのできる子音であるということで，成節子音（syllabic consonant）と呼ぶことがある．しかしながら，このような成節子音が生ずる環境は非常に限られていることなどを理由に，これらの子音が音節をなしているとは考えない立場もありえる．そのような立場をとると，little や apple などは 2 音節の単語ではなく，1 音節の単語ということになる．

　以上，聞こえ度に基づく理論の問題点を，4 つに分けて検討した．次に，これらの問題のうち，まず，1 音節の単語で，SSG に従っているのに英語の音節としては不適切な音連鎖があるという点について，考えてみることにする．

5.4　音節の鋳型と最小聞こえ度距離

　SSG に従って配列されている */smyawlmp/ という音連鎖が，英語の単語として不適格なのは，なぜであろうか．これは，2 つの見方が可能であろう．1 つは，山に見えるためには，十分そびえていなければならないということにその原因を求める見方であり，もう 1 つは，英語の音節は，これほどたくさんの音素を含むことができないという見方である．

(10)　a.　聞こえ度の山は，十分な勾配がなければならない．
　　　b.　1 つの音節に含むことのできる分節音には，限りがある．

前者の見方（10a）は，隣り合った分節音の聞こえ度の格差が十分ないといけないという言い方ができる．この見方は重要なので後で論じるが，ここで問題にしている */smyawlmp/ という音連鎖を排除する力は，なさそうである．つまり，この連鎖に含まれる部分連鎖は，すべて，実在する英語の単語の中に見出すことができるからである．

(11)　*/smyawlmp/ に含まれる連鎖を含む実在の単語
　　　/sm/　small
　　　/my/　mule
　　　/ya/　yacht
　　　/awl/　owl

/lm/　film
/mp/　pump

　そこで，二つ目の見方（10b）が重要になってくる．たとえば，(12) のような音節の鋳型（syllable template）を想定することによって，このような音連鎖を排除することが可能になる（Selkirk 1984, 115）．

　(12)　音節の鋳型

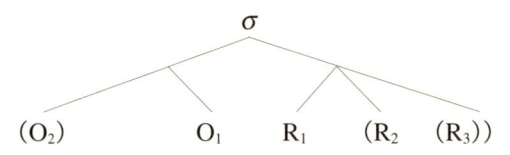

$$\sigma$$

(O$_2$)　　　O$_1$　　R$_1$　(R$_2$)　(R$_3$)

(12) の音節の鋳型は，頭子音（O）に分節音が最大2つまで現れることを許し，韻（R）内には，母音を含め分節音が最大3つまで現れることを許す．現在問題にしている */smyawlmp/ という音連鎖は，この鋳型によって許されている分節音よりも多くの分節音を含んでいるので，SSG には従っているにもかかわらず，英語の単語としては不適格ということになる．

　さて，*/knæmp/ の場合はどうであろう．この音連鎖は SSG にも従っているし，(12) の鋳型にも従っている．このことは，英語の可能な音節を決定するためには，SSG と (12) の鋳型だけでは不十分だということを示している．では，どのような仕組みが必要なのであろうか．あくまでも，聞こえ度という概念を用いて解決しようという方向性として，最小聞こえ度距離（minimum sonority distance）という考え方を導入する解決方法がある．これは，(10a) の見方を採用した解決方法である．

　英語の単語として可能である /klæmp/ と英語の単語として不可能な */knæmp/ とを比較すると，それぞれの音連鎖に含まれる頭子音の2つの分節音の聞こえ度の差が，違うことに気がつく．すなわち，/k/ と /n/ のほうが /k/ と /l/ の場合に比べて，聞こえ度の差が小さい．このような観察に基づいて，隣り合った音素の聞こえ度の差が，ある最低限度より大きくないと，音節としては不適格であると考えることにするのである．

Selkirk は，このような最小聞こえ度距離という考え方に基づいて，(13) のような制限が，英語の末尾子音の中に見られる分節音の間に存在すると主張している (Selkirk 1984, 123)．(13) の R_1, R_2, R_3 は，(12) の鋳型の中の位置のことである．また，$SI(\alpha)$ とは，分節音 α の聞こえ度の指標 (sonority index) のことである (m, n は定数を表す)．

(13) 英語の末尾子音に見られる制限
 a. x が R_1 に結びつけられているならば，$SI(x) \geq 5$ である．
 b. x が R_1 に，また y が R_2 に結びつけられているならば，$SI(y) \leq SI(x) - m$ である．
 c. x が R_2 に，また y が R_3 に結びつけられているならば，$SI(y) \leq SI(x) - n$ である．

Selkirk は，われわれが想定している聞こえ度の尺度とは，多少異なる尺度を提案している (Selkirk 1984, 112)．

(14) 聞こえ度の指標

分節音	聞こえ度の指標(暫定案)
a	10
e, o	9
i, u	8
r	7
l	6
m, n	5
s	4
v, z, ð	3
f, θ	2
b, d, g	1
p, t, k	0.5

(13) に現れる定数 m や n は，最小聞こえ度距離を決定するうえで重要だが，Selkirk は，具体的な値を示していない．これは無理もない．(14) で示されている聞こえ度の指標は，聞こえ度の距離を計算するうえで重要だが，この聞こえ度の指標自体が暫定的なものだからである．そのうえ，頭子音の音連鎖に関しては，おそらく末尾子音に想定されている制限と同等の制限が想定されるものと思われるが，Selkirk (1984) には，詳しいことは示されていない．このような状況のため，最小聞こえ度距離という考え方に基づく Selkirk の理論は，十分に具体的とは言えないので，具体的に反論するのは難しいが，次のような定性的な問題点を指摘することができる．

(15) 最小聞こえ度距離の問題点
 a. 末尾子音の聞こえ度の矛盾
 b. 閉鎖音と /l/ や /w/ との聞こえ度の距離の問題
 c. /f/ と /v/ の矛盾

まず，(15a) を検討してみよう．この問題は，Selkirk の理論の問題点というより，聞こえ度に基づく音節の理論の問題点である．聞こえ度に基づいて分節音間の関係を考えると，ある2つの分節音は，聞こえ度が等しいか，聞こえ度に差があるかのいずれかである．聞こえ度に差がある場合は，どちらかがもう一方よりも聞こえ度が高いはずである．さらに，もし2つの分節音がある順序で連鎖を作れるのであれば，より音節核に近いほうの分節音の聞こえ度が高いはずである．もしそうなら，逆の並びは許されないことになる．しかし，(16) に見られるような末尾子音内の連鎖は，このことと矛盾する．

(16) 末尾子音の聞こえ度の矛盾
 a. /ps/ lapse /ts/ Hertz /ks/ six
 b. /sp/ grasp /st/ mist   /sk/ ask

この問題は，どちらかを特別な連鎖として扱うことで解決できるかもしれない．つまり，(17a) または (17b) のいずれかの例外規定を採用する

のである．

(17) 末尾子音における例外規定
  a. 末尾子音において，/ps/, /ts/, および /ks/ は特殊である．
  b. 末尾子音において，/sp/, /st/, および /sk/ は特殊である．

無声閉鎖音のほうが，摩擦音である /s/ より聞こえ度が低いと考えるのが，言語普遍の観点から自然なので，(16a) の連鎖のほうを特別な連鎖として扱うのが妥当であるように見える．この場合，(17a) のような例外規定が，英語の音素配列を記述するために必要だということになる．たしかに，末尾子音では，/ts/ は，外来語か /t/ で終わる単語に屈折接尾辞の /s/ が後続した場合のほかは，基本的に現れないので，この結論は妥当であるように思える．

しかし，(18) のような連鎖を考慮すると，(17a) の結論の妥当性が疑わしくなる．つまり，SSG に従えば，頭子音の連鎖と末尾子音の連鎖は，鏡像関係になるはずである．すると，鏡像関係が見つからない連鎖には，なんらかの特別な理由があると考えるのが自然である．末尾子音の連鎖 /-ps/, /-ts/ および /-ks/ には，それぞれに対応して，頭子音の連鎖 /sp-/, /st-/ および /sk-/ が見つかる．しかし，末尾子音の連鎖 /-sp/, /-st/ および /-sk/ には，鏡像関係にある頭子音の連鎖が見つからない．このことに基づくと，(17b) の例外規定を受け入れることになるであろう．そのうえで，/s/ が閉鎖音よりも聞こえ度が低いとすることにすれば，(18b) に見られる連鎖も SSG に従っていると考えられるようになる．

(18) 頭子音と末尾子音の鏡像関係
  a. 問題なく SSG に従っていると考えられている連鎖

頭子音	末尾子音	頭子音	末尾子音
/pl-/ plate	/-lp/ help	/fl-/ flight	/-lf/ self
/kl-/ class	/-lk/ milk	/sl-/ sleep	/-ls/ pulse
/bl-/ blind	/-lb/ bulb	/sn-/ snow	/-ns/ once

  b. SSG との関係で問題のある連鎖

頭子音	末尾子音	頭子音	末尾子音

/sp-/ speak　　/-ps/ lapse　　/sk-/ sky　　/-ks/ six
/st-/ stone　　/-ts/ Hertz

　しかし，これでは，言語普遍的な観点からは不都合である．すなわち，いろいろな言語を観察すると，閉鎖音のほうが摩擦音よりも聞こえ度が低いと考えられていることと，ここでの結論が矛盾することになるからである．いずれにしても，聞こえ度に基づいて音素配列に関する一般化を得ようとすると，一筋縄ではいかない問題が生じることがわかる．

　似たような問題に，閉鎖音と /l/ や /w/ との聞こえ度の距離の問題がある．聞こえ度の距離を手がかりに，これらの分節音の聞こえ度の指標を決定しようとすると，矛盾が生じてしまう．たとえば，/p/, /t/, /k/ はどれも無声閉鎖音で，Selkirk によれば，暫定的に 0.5 という聞こえ度の指数が与えられている．また，/b/, /d/, /g/ はいずれも有声閉鎖音で，1 という聞こえ度の指数が与えられている．ところが，英語では頭子音の連鎖として，/pl, bl, kl, gl/ は許されているのに，/tl, dl/ は許されない．これを聞こえ度の距離を使う方法で説明するには，閉鎖音の間に聞こえ度の格差をつけることが考えられる．つまり，/t/ は /p, k/ より，また，/d/ は /b, g/ より聞こえ度が高いとするのである．すると，/t/ と /l/ の聞こえ度の距離は，/p, k/ と /l/ のそれよりも小さいということになるし，同様に，/d/ と /l/ の聞こえ度の距離は，/b, g/ と /l/ のそれよりも小さいということになる．さらに，/bl/ や /gl/ を排除しないで /tl/ を排除するには，/t/ の聞こえ度が /b, g/ よりも高いとしなければならない．もし逆なら，/tl/ を排除する聞こえ度の距離が，/bl/ や /gl/ を排除してしまうはずだからである．

(19)　閉鎖音と /l/ の連鎖

低	[聞こえ度]		高
p k		t	
	b g	d	l

閉鎖音と /l/ が関わる連鎖の場合，(19) のように聞こえ度を精密化することで，なんとか説明ができているように見える．しかし，観察の範囲を広げると，うまくいかないことがわかる．英語では，頭子音の連鎖として，/tw, kw, dw, gw/ は許されているのに，/pw, bw/ は許されていない．これを聞こえ度の距離を使って説明するためには，/p/ の聞こえ度が /t, k/ のそれより高く，また，/b/ の聞こえ度が /d, g/ のそれより高いということになるであろう．

(20)　閉鎖音と /w/ の連鎖

低	[聞こえ度]		高
t k	p		w
	d g	b	

しかしこれは，先ほど得た結論と矛盾する．すなわち，閉鎖音と /l/ が関わる連鎖を説明するさいには，/t, d/ が他の子音，とりわけ /p, b/ よりも聞こえ度が高いとしなければならなかったのに，閉鎖音と /w/ が関わる連鎖の場合は，/p, b/ が他の子音，とりわけ /t, d/ よりも聞こえ度が高いとしなければならないということになる．このことは，音節内部の音素配列を考える場合に，聞こえ度以外の要因も関わっていることを示唆していると言える．

同様の聞こえ度の指標の矛盾が，/f/ と /v/ の間にも見られる．すなわち，頭子音では，流音の前に /f/ は生じるが，/v/ は一部の外来語 (Vlach, Vladimir, Vladivostok . . .) など以外には生じない．

(21)　a.　/fl-/: flower, fly, . . .
　　　b.　*/vl-/: *vlower, *vly, . . .

この事実を聞こえ度の距離に基づいて理解しようとすると，/f/ と /l/ との間の聞こえ度の距離が，/v/ と /l/ との間の聞こえ度の距離よりも大きいと考えなければならない．つまり，/f/ のほうが /v/ よりも聞こえ度が低

いということになる．この結論は，同じ調音点で同じ調音方法を持つ分節音では，無声音のほうが有声音より聞こえ度が低いという，言語に普遍的な傾向と一致するので，問題ないように思える．しかし，この結論は，単一形態素からなる 1 音節語の末尾子音では，/-ft/ という連鎖は許されるが，*/-vt/ という連鎖は許されないという観察と矛盾する．

(22) a. /-ft/ : shift, soft, ...
   b. */-vt/ : *shivt, *sovt, ...
   c. /-f/ : cliff, half, ...
   d. /-v/ : live, salve, ...

つまり，この事実によると，/f/ よりも /v/ のほうが，/t/ の聞こえ度の指標の値に近い値を持っているということになる．言い換えると，/f/ のほうが，/v/ よりも聞こえ度が高いということになってしまう．/f/ よりも /v/ が，核母音との聞こえ度の距離が小さいと見ることはできない．これらの分節音に /t/ が後続していないような連鎖，つまり，核母音にこれらの分節音が単独で後続するような連鎖 (22c, d) は，問題なく許されているからである．頭子音の連鎖と末尾子音の連鎖では，聞こえ度の尺度が異なっているとすることで，この矛盾は回避できるかもしれない．しかし，もしそうなら，聞こえ度という概念が複雑なものになってしまう．

以上のように，聞こえ度の指標というものを想定し，さらに，SSG と聞こえ度の距離を音節内の音素の配列を決定する原理であると考えるいき方には，さまざまな問題があることがわかった．次の章では，聞こえ度という考え方を直接利用しない音素配列の理論を検討する．

第6章　音節構造の有標性理論

　前章では，聞こえ度に基づく音素配列の理論には，さまざまな問題があることを示した．この章では，Cairns (1988) が提唱する音節構造の有標性理論 (Markedness Theory of Syllable Structure: MTSS) について考察する．聞こえ度の尺度に直接的に言及しないで，そのかわりに，鋳型 (template)，目録 (inventory)，中和 (neutralization) という3つの仕組みの相互作用として，音素配列に関する規則性を捉えようとする興味深い試みである．さらにこの理論は，聞こえ度を基本にした音素配列の理論よりも精密な記述を提供する．

　MTSSは，英語の強勢音節の基底表示から，できるかぎり余剰性（予想可能な情報）を排除することを目標としている．基底表示に含まれる余剰性としては，音素を構成する音韻素性の余剰性が問題にされることが多いが，MTSSではさらに，音節内での音素の配列順序や，音節に含まれる音素の数についても，余剰性を排除しようとする．

　たとえば，hipという英単語を例にとって，この単語に含まれる余剰性について考察してみよう．この単語を構成する音素の素性指定に関する余剰性のほかに，音素の音節構造内で占める位置についても，余剰性が認められる．すなわち，/h/ は，頭子音にしか現れることができないし，母音は，音節核の位置にしか生じえない．そして，残された /p/ は，結局のところ，末尾子音にしか現れることができないことになる．言い換えると，/hip/ に含まれる音素を指定するために必要最小限の素性が当該音節中に現れるという情報を，基底表示において指定すれば十分であり，この単語の表層形における姿（音素の数や音素の音節中での位置）は，音韻論の一般

原則により定まることになる.

上の例は,音素の音節内での位置が余剰的である場合であるが,子音の順序が弁別的である場合もある.たとえば,sob という英単語の場合,/s/ が /b/ に先行することを基底において示す必要がある.これは,この語が boss という単語と /s/ と /b/ の順序について弁別的であるためである.

6.1 音節構造の理論

多くの音韻論者は,音節化が音素の列に適応されると考えている.つまり,音素列が基底に存在し,音節は音素を連ねていくことで組み立てられると考える.しかしながら,音素配列に基づく証拠を見ると,音節構造が基底において主要な働きをしていると考えることもできそうである.上で見たように,hip については,基底において音素が現れる位置を指定する必要はない.一方,sob のような単語の場合は,子音の位置を指定する必要がある.このような余剰性の差異は,これらの単語を,順序づけられた音素の連鎖として基底表示するような理論では,うまく区別できない.

MTSS では,韻律理論(Metrical Theory)や自律分節音韻論(Autosegmental Theory)などで想定されているような,三次元的な音韻表示を採用している.さらに,音韻素性は,音節接点などの韻律的接点に直接結びつけられていると考える.基底形には,音素の数や順序などに関する音素配列上の情報のうち,余剰的な情報は含まれておらず,そのような情報は,音節構造規則(Syllable Structure Rules: SSR)により与えられる.SSR が生み出す構造は,さらに音韻規則や形態規則の入力になるという意味において,「基底」である.つまり,MTSS には,少なくとも 2 つのレベルの「基底形」(Underlying Representation: UR)が必要である.すなわち,SSR の入力になるレベル(UR_1)と SSR の出力となるレベル(UR_2)の 2 つである.

さらに,MTSS では,(1)の 3 つの仕組みが重要な役目を果たす.

(1) a. 音節の鋳型
 b. 分節音の目録

c. 中和

以下に，(1) のそれぞれの仕組みについて考察する．

6.1.1　音節構造の鋳型

　MTSS では，(2) のような音節の鋳型を想定する．SSR の出力である UR_2 は，この鋳型に従って表示される．なお，(2) で用いられている記号は，それぞれ，次の各接点を表している．σ = 音節，O = Onset, R = Rhyme, C_o = Core in Onset, PC_o = PreCore in Onset, A_o = Adjunct in Onset, C_r = Core in Rhyme, PC_r = PostCore in Rhyme, A_r = Adjunct in Rhyme, V = Vowel．また，丸括弧で囲まれている接点は随意的である．

（2）音節構造の鋳型

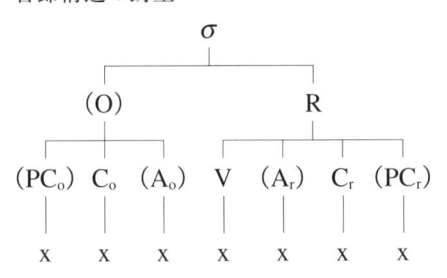

```
              σ
          ┌───┴───┐
         (O)      R
        ┌─┼─┐  ┌─┼─┬─┐
      (PCo) Co (Ao) V (Ar) Cr (PCr)
        │  │  │  │  │  │  │
        x  x  x  x  x  x  x
```

　この鋳型に従って，glimpse, splice, ill, pint および hoax の各語が，UR_2 においてどのような表示を受けるかを (3) に示した．

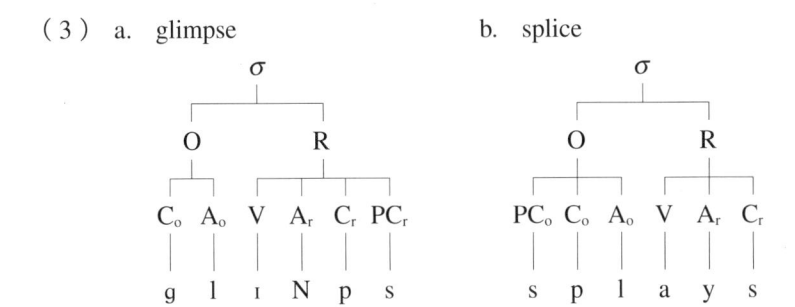

（3）a. glimpse　　　　　　　b. splice

```
          σ                              σ
       ┌──┴──┐                        ┌──┴──┐
       O     R                        O     R
      ┌┴┐  ┌─┼─┬─┐                  ┌─┼─┐  ┌─┼─┐
      Co Ao V Ar Cr PCr            PCo Co Ao V Ar Cr
      │  │  │  │  │  │              │  │  │  │  │  │
      g  l  ɪ  N  p  s              s  p  l  a  y  s
```

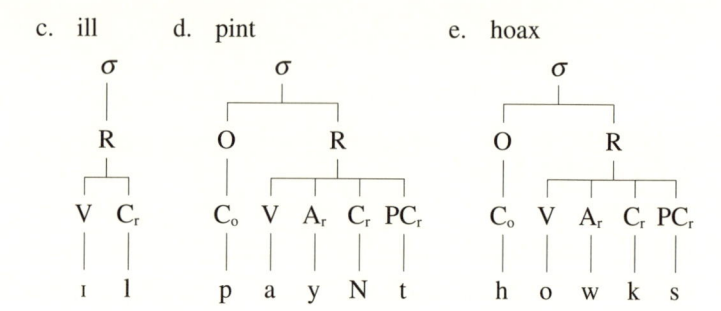

```
         c. ill        d. pint              e. hoax
              σ              σ                       σ
              |           ┌──┴──┐              ┌─────┴─────┐
              R           O     R              O           R
            ┌─┴─┐         |  ┌──┼──┐           |    ┌───┬──┼──┐
            V  C_r        C_o V  A_r C_r PC_r  C_o  V   A_r C_r PC_r
            |   |         |  |  |   |   |      |    |   |   |   |
            ɪ   l         p  a  y   N   t      h    o   w   k   s
```

さて，UR_1 のレベルの表示では，音韻素性が，音節接点 (σ)，頭子音接点 (O) および韻部接点 (R) に結びつけられている．このさい，有標の構造の存在(または無標の構造の非存在)のみが表示される点に注意してほしい．UR_1 の表示の例を (4) に示す．

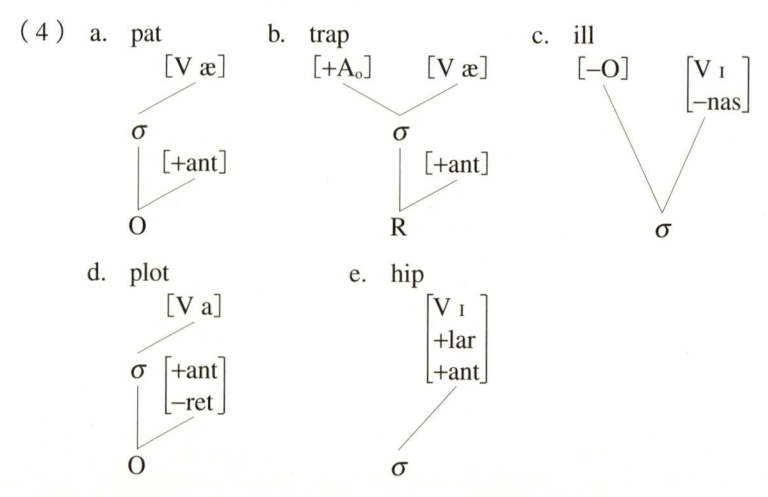

```
(4)  a. pat              b. trap                  c. ill
         [V æ]               [+A_o]   [V æ]           [−O]    ⎡V ɪ ⎤
           \                    \     /                        ⎣−nas⎦
            σ                    σ                               \  /
            |  [+ant]             | [+ant]                        σ
            O                     R

     d. plot                  e. hip
         [V a]                     ⎡V ɪ ⎤
           \                       ⎢+lar⎥
            σ  ⎡+ant⎤              ⎣+ant⎦
            |  ⎣−ret⎦                 \
            O                          σ
```

母音は，音節核として表層に現れることが予測可能である．したがって，余剰性を最大限に排除する UR_1 のレベルでは，当該音節にどの母音が現れるかを示せば十分である．(4) の例においては，それぞれの母音を区別するに十分な素性の束が，音節接点 (σ) に直接結びついている．(4a) は，pat という単語を表している．(4a) において，[+anterior] が頭子音接点 (O) に結びつけられている．これは，頭子音に現れる /p/ を表して

いる．後述するが，[+anterior] の指定は，/p/ を他の子音から区別するのに十分である．(4a, b, d) などに見られる /t/ は完全に無標と考えられるので，これを定義するための素性を指定する必要がない．(4a) の場合，前述の理由により，頭子音には /p/ が現れる．しかし，このままでは，末尾子音が欠けた短母音で終わる軽い音節が生じることになりそうだが，英語には (5) の制限があるため，末尾子音の位置をなんらかの音素で埋めなければならない．(4a) の pat の場合は，最も無標の分節である /t/ がこの位置に現れることになる．

（5） 1音節語は，重い音節でなければならない．

(4b) において，[+anterior] は，韻部接点 (R) に結びつけられている．これにより，/p/ が末尾子音に生じることが保証される．また，(4b) に見られる記号 [+A$_o$] は，trap の中に現れる /r/ を表している．詳しくは後述するが，/r/ は，A$_o$ という音節構造上の位置における無標の音素である．そのため，UR$_1$ のレベルでは，A$_o$ が存在することだけを示せば十分である．つまり，頭子音に現れる /t/ と /tr/ の区別は，音韻素性の指定による区別ではなく，音節構造上の区別ということになる．一方，(4c) の ill では，無標の構造である頭子音が欠けていることが，記号 [–O] によって示され，[–nasal] によって /l/ が指定されることになる．(4d) の plot の例では，頭子音接点の中での分節音の順序が，音韻素性の指定から余剰的に決定される場合があることを示している．すなわち，[+anterior] が /p/ のための指定であり，[–retroflex] が /l/ のための指定であるが，この2つの分節音が頭子音内に現れる場合，前者が後者に先行する以外の可能性は存在しないということである．さらに，(4e) の hip の場合には，分節音の順序は予測可能なので，それぞれの分節音を指定するために十分な音韻素性が当該音節に現れることが示されている．つまり，[+laryngeal] が /h/ を，また [+anterior] が /p/ を示している．

6.1.2　有標性と目録

次に，有標性と目録の問題について考察する．MTSS では，音節構造上

のそれぞれの位置において，出現可能な音素の目録が決められている．ただし，それぞれの位置に出現可能な音素の目録は，恣意的に決定されるのではなく，一定の法則に従って決定されている．たとえば，PC や A の位置に出現可能な音素の目録は，C の位置に出現可能な音素の部分集合になる．また，言語によっては，C_o の位置と C_r の位置に出現可能な音素の集合に，ずれがある場合があるようである．たとえば，英語では，C_o の位置には /h/ が出現可能だが，C_r の位置には現れない．しかしながら，PC や A の位置に出現可能な音素が，C の位置から排除されることはない．

次ページの (6) は，C_o に出現可能な音素の総目録である．この素性の階層的配置は，SSR を定式化するうえで重要である．この階層的配置の多くの部分については，言語普遍的な考慮に基づいて決定されているが，個別言語に関わる側面もある．

樹形図 (6) は，C 位置における有標性を表している．すなわち，樹形図 (6) のそれぞれ枝に示されている u や m は，それぞれの素性値の無標性 (unmarked) および有標性 (marked) を示している．たとえば，いちばん根元に示されている [sonorant] は，負の値が無標であり，正の値が有標である．言葉を変えて言うと，C の位置では，阻害音 ([−sonorant]) のほうが共鳴音 ([+sonorant]) より好ましいということである．PC や A の位置での有標性は，C の位置における有標性と若干異なることが知られているが，この有標性の差に関しては，中和という仕組みとの関係で後述する．

素性 [anterior] の有標性が，無声阻害音と有声阻害音とでは異なることに注意してほしい (Gamkrelidze 1978)．このことは，英語の音節構造の分析に影響を与えないが，言語普遍的な観点からは重要である．無声阻害音においては，[−anterior] がより無標な指定であるが，有声阻害音においては，[+anterior] がより無標である．つまり，素性 [anterior] の有標性が 素性 [voice] の値に左右されるということであり，このことにより，(6) の樹形図において，素性 [voice] は素性 [anterior] より，より根元に近い位置を占めることになる．

素性 [coronal] と素性 [anterior] との樹形図上の位置関係も，同様の考

(6)

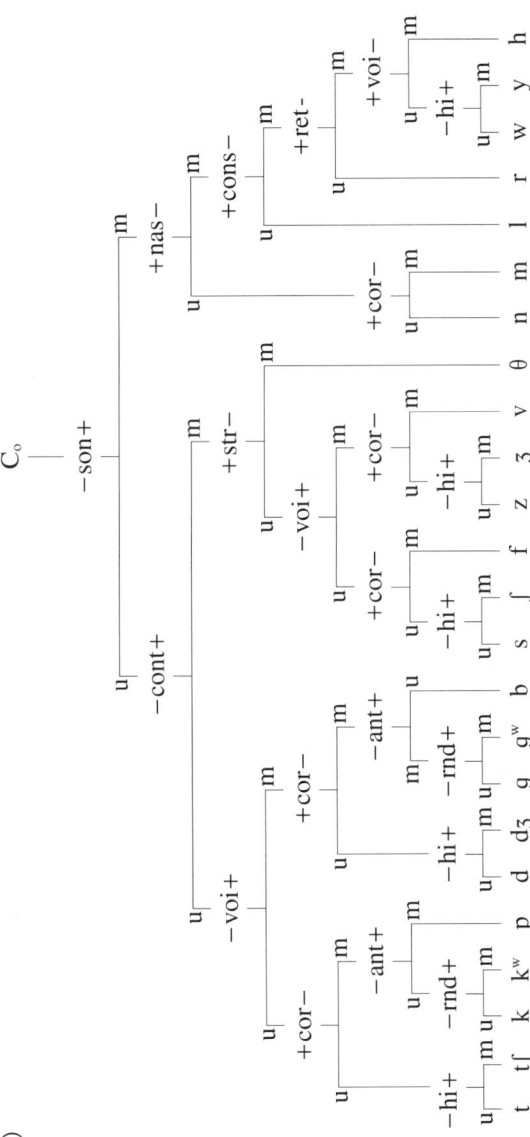

```
                                    C₀
                                    |
                                   -son+
                          ┌─────────┴─────────┐
                        -cont+               +nas-
                    ┌─────┴─────┐          ┌───┴───┐
                  -voi+        m           u       m
              ┌─────┴─────┐               +cons-
           +cor-         m              ┌───┴───┐
         ┌───┴───┐    -ant+             u      +ret-
        u       m   ┌───┴───┐         +cor-  ┌───┴───┐
       +ant+  -hi+  u       m        ┌──┴──┐ u       m
      ┌─┴─┐  ┌─┴─┐ -rmd+   -hi+      u    m         +voi-
     u   m  u   m ┌─┴─┐   ┌─┴─┐                    ┌──┴──┐
    -hi+ -rmd+    u  m    u  m                     u     m
    ┌┴┐  ┌┴┐                                      -hi+
    u m  u m                                     ┌─┴─┐
                                                 u   m
    t tʃ k kʷ p d dʒ g gʷ b   s ʃ f z ʒ v θ   n m l r w y h
                              +str-
                          ┌─────┴─────┐
                        -voi+        m
                     ┌─────┴─────┐
                  +cor-         m
                 ┌──┴──┐      +cor-
                u     m     ┌──┴──┐
                           -hi+   m
```

Cairns (1988) の樹形図との比較で注意すべき点。まず、音声記号が違う。/gʷ/ と /ʒ/ を加えた。ともに周辺的ではあるが、語頭に単独で現れることがあるからである。また、原則として、枝の左側が無標になるように配置してある。Cairns は語頭普遍的な証拠に基づいて、[ant] の有標性が、無声子音と有声子音との間で逆転しているという主張をしている。しかしながら、この言語内部的な証拠は見当たらないので、対称性を犠牲にする必要はないと思われるが、そのままにしてある。そこで、英語の部分だけは、上の原則、すなわち、左枝が無標の枝という原則が破られている。

慮により決定される．より無標な [+coronal] の場合には，素性 [anterior] によって区別される音素は存在しないが，[−coronal] の場合は，素性 [anterior] の値により音素が区別される．つまり，素性 [anterior] の指定は，素性 [coronal] の値に左右されるということである．このことにより，素性 [coronal] が素性 [anterior] より，根元に近い位置を占めると考えてよいのである．

樹形図 (6) については，次の3点にも注意が必要であろう．第一には，素性 [retroflex] が，/r/ と /h, y, w/ を区別するために用いられていることであり，第二は，音素 /k^w/, g^w/ を [round] の指定を受けた音素とすることであり，第三は，/tʃ, dʒ, ʃ/ が /t, d, s/ と，それぞれ素性 [high] により区別されることである．まず /r/ であるが，この音素は韻部において，音素配列上，半母音として働く (Kahn 1976) ので，他の半母音と同様に [−consonantal] の指定を受ける．音素 /k^w, g^w/ を想定する根拠は後述する．/t, d, s/ は，後続する /y/ により口蓋化 (palatalize) され，/tʃ, dʒ, ʃ/ として実現する．この口蓋化の過程は，/t, d, s/ が，後続する /y/ の [+high] に同化する過程 (Rubach 1984) として記述できることになる．

6.1.3 有標性と中和

鋳型 (2) により音節の構成素構造が決定され，(6) により目録が与えられた．しかしこれだけでは，すべての音素配列上の現象を説明するにはほど遠い．たとえば，C₀ の目録には，無声摩擦音と有声摩擦音の両方が含まれているが，この両方が出現可能なのは，C₀ だけからなる単純な頭子音の場合のみである．A₀ が生じている場合は，C₀ の位置には，有声摩擦音は出現することができない．つまり，/f/ も /v/ も単独であれば頭子音に生じる (fat, vat) が，/l/ の前では無声の /f/ は生じるが，有声の /v/ は生じず，結果として，/fl/ は頭子音に起きるが，/vl/ は起きないということ (flat, *vlat) である．言い換えると，C₀ 位置では，摩擦音における有声無声の対立が，A₀ の存在によって「中和」されて，無標の値である [−voice] の摩擦音だけがこの位置に生じることになったのである．

上で述べた中和は，C 位置に出現可能な音素が隣接する PC や A によ

第 6 章　音節構造の有標性理論　135

り制限される,という意味での中和であった.言い換えると,PC や A が存在すると,C 位置には,本来 C に出現可能な音素の目録の一部しか出現できなくなるということであった.この中和とは違った意味の中和を想定する必要がある.すなわち,音素の総目録から,PC 位置や A 位置などの「随意的な音節位置」(optional syllabic position)に許される下位目録を得るために使われる中和である.つまり,中和規則には,C 位置に出現可能な音素の目録を限定するための「隣接による中和規則」と,随意的音節位置に許される下位目録を生み出すための「位置による中和規則」の 2 種類があるわけである.

(7) 2 種類の中和規則
  a. 隣接による中和規則：C 位置に出現可能な音素が,隣接する PC や A により制限され,下位集合が生じる.
  b. 位置による中和規則：音素の総目録から,PC 位置や A 位置などの随意的な音節位置に許される下位目録を生み出す.

ここで,この 2 種類の中和規則により生み出される音素の集合を区別して呼ぶために,下位目録 (subinventory) と下位集合 (subset) という用語を導入する.位置による中和規則の適用の結果,当該言語で許される音素の総目録から,それぞれの音節構造上の位置に起こりえる音素の下位目録が作られる.隣接による中和規則は,C_o 位置および C_r 位置に起こりえる下位目録に作用して,下位目録の下位集合を決定する.

 2 種類の中和規則のうち,まず,位置による中和規則について考えてみる.(8) に,英語の随意的な音節位置に許される下位目録を示す.(これは Cairns (1988) の p. 219 (7) と基本的に同じだが,3 点違う.1 点目は,A_r の樹形図の階層構造.Cairns は,A_r において,[+son] の音素をまず [consonantal] という素性で,/N, l/ ([+cons]) と /r, G/ ([−cons]) の 2 つに分け,さらに,前者を [nasal] 素性によって区別し,後者を [retroflex] 素性により区別している.しかし,ここでは C_o の樹形図の階層を尊重し,[+son] の音素を,まず [nasal] 素性により /N/ とそれ以外に分け,残りを [consonantal] 素性により /l/ とそれ以外に分け,さらにま

たその残りの /r, G/ を [retroflex] 素性により区別することにする．2 点目は，PC_r における /l, r/ の区別に関わる素性に関してである．Cairns は，この 2 つの音素が [retroflex] により区別されるとしているが，C_o の樹形図においても，また，A_r の樹形図においても，この 2 つの分節音は [consonantal] によって区別されているので，PC_r においても [consonantal] によって区別されていると考えることにする．第 3 点は，PC_r の阻害音に有声無声の対立を認めたことである．これは後に詳しく論じるが，kind と pint のような単語を記述するのに必要なためである．）

（8） 英語の随意的音節位置の下位目録

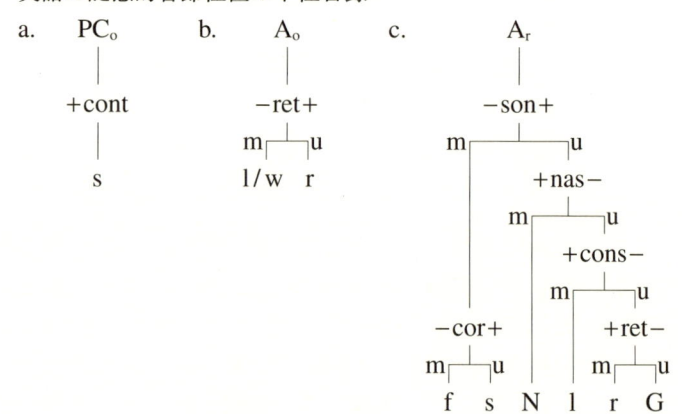

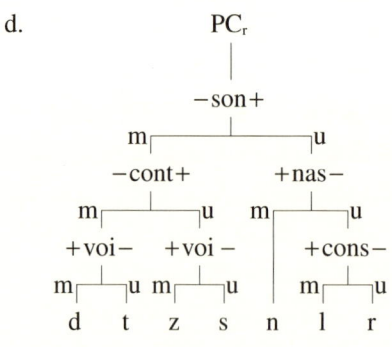

a. PC_o
```
  |
+cont
  |
  s
```

b. A_o
```
  -ret+
  m    u
 l/w   r
```

c. A_r
```
        -son+
       m     u
           +nas-
          m    u
         +cons-
        m      u
      -cor+   +ret-
     m   u   m    u
     f   s N l    r G
```

d. PC_r
```
          -son+
         m     u
       -cont+  +nas-
      m     u  m    u
    +voi-  +voi-  +cons-
   m   u  m   u   m   u
   d   t  z   s   n   l   r
```

(8)の樹形図は，(6)のC位置のための樹形図から(9)に示す中和規則を用いて，次の手順によって作り出される．まず，(6)に示された有標性の指定を，それぞれの位置に合わせたものにする．(たとえば，C_o位置においては，[+son]が[−son]より有標であるが，A_r位置ではこの関係が逆転して，[−son]が[+son]より有標となる．詳しくは後述する．)このようにして作られた樹形図から，中和規則に指定された素性に関して，(mの印がついている)有標な値が付与されている枝を切り落とすのである．中和規則は一般に$N(\alpha)/X$という形式をしている．Nはこの規則が中和規則（Neutralization）であることを示す．スラッシュ "/" 以降は，当該の規則が適用される環境を示す．バーは中和の起こる位置を示す．αは1つまたは複数の素性で，指定された環境でそれらの素性値に関する中和が起こることを意味する．具体例として(9a)を考えると，この規則は，A位置において，[continuant, voice, strident, high]についての中和が起こることを示していることになる．

(9) 位置による中和規則
    a. $N(\text{cont, voi, str, hi}) / \bar{A}$
    b. $N(\text{son, nas}) / \bar{A}_o$
    c. $N(\text{son, cont, str, voi, cor, hi}) / \overline{PC}_o$
    d. $N(\text{cor, str, hi, ret}) / \overline{PC}_r$

まず，A位置について考えてみる．(9a)は，A_o位置とA_r位置の両方に適応される．A_r位置については，(9a)によって下位目録(8c)が決定される．A_o位置については，さらに(9b)も作用して，下位目録(8b)が決定される．ここで，素性[sonorant]の有標性に注目してほしい．C位置では，素性[sonorant]の負の値が無標とされるが，A位置では，逆に正の値が無標である．つまり，C位置では阻害音がより好ましく，A位置では共鳴音がより好ましいということである (Greenberg 1978; Cairns 1988, 216)．また，素性[continuant]，素性[nasal]，素性[consonantal]および素性[retroflex]の有標性も，C位置とA位置とでは逆転している．(詳しくは，Cairns (1988, 219)を参照のこと．)

C 位置に想定されている目録である (6) に対して，上の段落で述べた有標性に関する調節が行われた後に，中和規則 (9a) が作用すると，A_r 用の (8c) が作られるのだが，この様子を詳しく見てみる．まず，(9a) に [continuant] が指定されており，かつ，A 位置では [–cont] が [+cont] よりも有標であるので，A 位置において，[continuant] に関して中和が起こると，閉鎖音が生じないことになる．同様に，[voice] の指定があるために，阻害音においては有声の音素 /z, v/ が，また，共鳴音については /h/ が取り除かれる．さらに，[strident] の指定は /θ/ を，そして [high] の指定が /ʃ/ を排除する．ただし，[high] の指定は半母音 /y/ を誤って排除してしまうはずなので，なんらかの変更が必要となるであろう．たとえば，[high] の中和を [–son] ([sonorant] の有標な素性値) の場合だけに限ることなどが考えられる．または，A_r 位置では，半母音の /w/ と /y/ は対立を失っていると考えることも可能かもしれない．核母音の性質により，どちらの半母音が選ばれるか予測可能であるということである．

このようにして，(8c) の A_r の目録が得られる．A_r の目録から，さらに中和規則 (9b) を適用することによって，A_o の目録が得られる．すなわち，(9b) の中の [sonorant] により，この位置で有標である阻害音 (つまり /f, s/) が取り除かれ，さらに [nasal] により，この位置で有標である鼻音が取り除かれる．(A_o 位置での鼻音の有標性については，Cairns (1988, 218) を参照されたい．) これで，A_o 位置には /r, l, w/ が現れることになる．/l/ と /w/ の関係については後述する．

次に，PC 位置について考えてみる．まず，(9c) の中和規則であるが，これは，結果として，PC_o 位置に /s/ だけが許されることを表している ((8a))．PC_r に関しては，中和規則 (9d) により (8d) が得られる．(この中和規則は，Cairns (1988) の提案と 2 つの点で違う．まず，Cairns では，この中和規則に [retroflex] が含まれていない．この素性を含まないと，この中和規則は /y, w/ を排除することができない．また，Cairns の仕組みでは，/d, z/ が PC_r 位置に生じないようになっている．しかしここでは，これらの音素の出現を許すように定式化してある．詳細は Cairns (1988) を参照のこと．)

第6章　音節構造の有標性理論　139

では次に，隣接による中和規則について考えてみる．英語の頭子音に関わる中和の現象を例にとると，(10) は，C_o 位置に出現可能な下位目録から，隣接による中和規則により生み出される下位集合を示している．

(10)　隣接による中和規則 (= NR)

	PC_o	C_o	A_o	C_o に適用される NR
a.	−	すべて	−	NR は適用されず
b.	+	t k k^w p N l r w	−	N (cont, hi, voi) / PC_o ___
c.	−	t k p d b g s f θ	+	N (son, hi, rnd, ⟨voi⟩) / ___ ⟨cont⟩ A_o
d.	+	t k p	+	上記の両方

(10a) は，PC_o 位置および A_o 位置の，いずれも生じなかった場合であり，当然のことながら，C_o で許されるすべての音素が出現可能であることを示している．PC_o 位置が出現した場合には，(10b) が示しているように，/t, k, k^w, p, N, l, r, w/ のいずれかの音素のみが出現可能である．ここでの /N/ は，単一の音素ではなく，/n, m/ のことである．この下位集合は，C_o 位置に出現可能な音素の総目録の樹形図 (6) から，(10b) の中和規則に指定されている素性 ([continuant], [high] および [voice]) の，有標な値を持つ枝を取り除くことによって作られる．PC_o 位置には /s/ のみが出現可能であるので，PC_o-C_o の連鎖の実例としては，stop, skull, squeeze, spot, snow, small, slow, shrimp, swim の各語の語頭に現れるものがあげられる．(shrimp の語頭の子音連鎖については後述する．)

次に，C_o-A_o 連鎖について考えてみる．まずこの場合，C_o には，[sonorant] に関して無標である音素（つまり阻害音）しか許されない．たとえば，英語においては，*/nr-/ のような連鎖が頭子音には許されない．また，阻害音の中でも，[high] に関して有標の指定を持つ /tʃ, dʒ, ʃ, ʒ/ や，[round] に関して有標の指定を持つ音素 /k^w, g^w/ も許さない．さらに，摩擦音 ([+cont]) の場合は，[voice] に関して無標である音素 /s, f, θ/ は許されるが，[voice] に関して有標である音素 /z, v, ð/ は排除される．したがって /t, k, p, d, b, g, s, f, θ/ が，C_o-A_o 連鎖の C_o 位置に出現可

能であることになる．ところで，上述のとおり，A_o 位置には /r, l, w/ が出現可能であるので，このままでは，実際には存在しない */tl-/ や */pw-/ のような子音列も頭子音に許されると誤って予想される．この件については後述する．PC_o と A_o の両方に音素が出現している場合には，(10b, c) の両方の中和規則が適用され，結果として /t, k, p/ が下位集合となる．

ここで，(10c) で定義された下位集合 /t, k, p, d, b, g, s, f, θ/ について，興味深いことがある．多くの音韻理論では，この下位集合に含まれる音素を自然類として定義できない．英語の音素配列を考えるうえで非常に重要な役目を果たすこの下位集合を，MTSS では自然類として定義することが可能であり，MTSS が音素配列の理論として優れていることを示していると言える．

以上，MTSS を概観し，この理論では，(2) の音節の鋳型，(6) と (8) のような目録と目録に含まれる音素の間の有標性に関する指定，位置による中和規則 (9)，および，隣接による中和規則 (10) が重要な働きをしていることにふれた．次の節では，上で無視した詳細について，さらに考察することにする．

6.2 英語の頭子音

この節では，英語の頭子音に現れる子音連鎖について，さらに詳しく考察することにする．ここまでの議論では，MTSS の理論的な面を紹介することに集中したために，大切な音素配列上の事実のいくつか (たとえば，*/tl-/ や */pw-/ が頭子音に現れないことなど) を無視し，議論が必要な重要な仮定のいくつか (たとえば，queen や quote の語頭に現れる頭子音が，/kw/ のような連鎖ではなく，単一の音素 /kʷ/ であるという仮定など) を根拠なしに用いてきた．これらの事実や仮定は，さらなる研究を待たなくてはならないものも多いが，以下にそのいくつかを取り上げてみる．

まず，/kʷ/ を連鎖ではなく，単一の音素と考えるべき根拠を考えてみよう．もし，/kʷ/ が C_o の位置を占めていると考えると，以下に詳しく見るように，/l/ と /w/ が A_o の位置で相補分布をなすと分析することが可能

になる.これは,語彙の基底における表示を経済的なものにする点で興味深い.

/k^w/ を単一の音素とみなすべき根拠としては,音節全体に関わる制約 (pansyllabic constraint) に基づくものがある.たとえば,英語では,A_o 位置に現れた弁別的素性は,同一音節に繰り返してもう一度生じることができない.一方,C_o 位置に現れた弁別的素性には,そのような制限はない.

(11) A_o 位置と後続音素との共起制限

$$({}_\sigma X - A_o - Y - W - Z)_\sigma$$

$$\qquad\quad\;\; |\qquad\quad\; |$$
$$\qquad\quad\;\; F_i\qquad\quad F_i$$

X, Y, Z は,なんらかの連鎖(空の連鎖も含む).W は,V, A_r, C_r, PC_r のいずれか.

たとえば,A_o 位置に /l/ や /r/ が現れると,その音節にはこれらの音素がもう一度現れることがない.しかしながら,C_o 位置に /l/ や /r/ が現れても,同じ音節にこれらの音素が禁止されることはない.具体的には,*clilck や *crarck のような単語が英語には許されないが,lilt や lull は許されるということである.

/w/ の振る舞いは,少し複雑に見える./sw-/ を頭子音に持つような単語には,swoop のように同じ音節内に円唇母音を含むものも存在するのに,/θw-/, /tw-/, /dw-/ の場合は,同じ音節内に円唇母音を含む単語が見つからない./sw-/ は,ここまでの議論を総合すると,PC_o-C_o 連鎖としても,C_o-A_o 連鎖としても分析できるが,仮に,/sw-/ の /w/ が C_o を占め,/θw-/, /tw-/, /dw-/ に含まれる /w/ が A_o を占めると考えると,上で述べた音節全体に関わる制約による説明が可能になる./k^w/ を /kw/ のような連鎖であると考えると,/w/ は A_o の位置を占めることになり,quote や quoit のような単語が制約 (11) の例外となってしまう./k^w/ を単一の音素と考えれば,素性 [round] は C_o 位置に生じることになり,同制約の例外とみなす必要がなくなる.

さて、次に /sl-/ という連鎖について考えてみる。ここまでの議論をふまえると、この連鎖は、PC_o-C_o 連鎖としても C_o-A_o 連鎖としても分析可能である。しかしながら、*slilt のような語が存在しないことから、/sl-/ は C_o-A_o 連鎖として分析すべきであることがわかる。曖昧に分析できる連鎖は、より無標な構造に分析されることを保証する普遍的な仕組みが必要になるが、詳細についてはここでは立ち入らない。(Cairns (1988, 225) を参照のこと。)

次に、[ʃr-] 連鎖について考えてみる。[sr-] が存在しないことと、*shrark のような語が存在しないことなどを根拠に、この連鎖は、基底では C_o-A_o 連鎖としての /sr-/ であると考えることにする。

(12) には、C_o-A_o 連鎖として可能な子音列が、すべて列挙されている。ただし、上で論じたように、/kʷ-/ が C_o 位置を占める単一の音素として分析されること、/sw-/ が PC_o-A_o 連鎖として分析されること、また、[ʃr-] が基底において /sr-/ と分析されることに注意されたい。

(12)　C_o-A_o 連鎖

-r-	-l-	-w-	-r-	-l-	-w-
tr-	—	tw-	sr-	sl-	—
dr-	—	dw-	θr-	—	θw-
pr-	pl-	—	fr-	fl-	—
br-	bl-	—			
kr-	kl-	—			
gr-	gl-	—			

このように整理してみると、C_o-A_o の2子音の連鎖では、A_o 位置に生じる /-l-/ と /-w-/ が相補的に分布していることがわかる。/w/ は /t, d, θ/ ([+coronal, −strident]) とともに、そして、/l/ はその他の場合に生起するのである。言い換えると、英語は A_o 位置で単一の素性、すなわち、[retroflex] の値における対立しか示さないということである。[+retroflex] が選ばれれば /r/ が生起するし、[−retroflex] が選ばれれば、/l/ または /w/ が生起するというわけである。/l/ と /w/ の分布は、素性指定 [+coronal,

第6章 音節構造の有標性理論 143

−strident] を持つ音素 (/t, d, θ/) と素性指定 [+lateral] を持つ音素 (/l/) が，C_o-A_o 連鎖となることを阻止するフィルターによって記述される (Cairns 1988, 226)．繰り返しになるが，A_o の下位目録は (13a) のように示すことができ，問題のフィルターは (13b) のように定式化できる．

(13) A_o の目録と C_o-A_o 連鎖に関わる制限

  a. A_o
     |
    +ret−
   u ┌─┴─┐ m
    r l / w

  b. $*\begin{bmatrix}+\text{cor}\\-\text{str}\end{bmatrix}$ [+lat] as C_o-A_o

ここまでの議論に基づいて，2子音および3子音からなる頭子音の子音連鎖を，(14) に列挙する．それぞれの子音連鎖には，UR_1 での素性の指定を示してある．ここにあげられている子音連鎖は，英語の中核的な文法により許されている連鎖であり，ここにあげられていない子音連鎖(たとえば，ギリシャ語からの借用語である sphinx や sphincter などの語頭に現れる /sf/ など)は，例外として処理される．(詳しくは Cairns (1988, 227) を参照のこと．) また，/stw/ という連鎖は，理論的には存在を予測されるが，実際には見つからない．

(14) 2子音および3子音からなる頭子音の子音連鎖
  a. PC_o-C_o 連鎖
    st = [+PC_o]
    sp = [+ant, +cont]
    sk = [−cor, +cont]
    sk^w = [+rnd, +cont]
    sn = [+son, +cont]
    sm = [+son, −cor, +cont]
    sw = [−ret, +cont]
  b. C_o-A_o 連鎖
    tr / tw = [A_o] / [−ret]
    dr / dw = [+voi, A_o] / [+voi, −ret]

θr / θw　= [−str, A_o] / [−str, −ret]
pr / pl　= [+ant, A_o] / [+ant, −ret]
br / bl　= [+voi, −cor, A_o] / [+voi, −cor, −ret]
kr / kl　= [−cor, A_o] / [−cor, −ret]
gr / gl　= [+voi, −ant, A_o] / [+voi, −ant, −ret]
sr / sl　= [+cont, A_o] / [+cont, −ret]
fr / fl　= [+cont, −cor, A_o] / [+cont, −cor, −ret]

c. PC_o-C_o-A_o 連鎖
str / stw = [+PC_o, A_o] / [+PC_o, −ret]
spr / spl = [+ant, +cont, A_o] / [+ant, +cont, −ret]
skr / skl = [−cor, +cont, A_o] / [−cor, +cont, −ret]

6.3　英語の末尾子音

　次に，英語の末尾子音の子音連鎖について考察してみる．まず，C_o 用の樹形図は，基本的に C_r にも当てはまるものと考える．細かい修正に関しては後述する．(8c) に A_r 用の樹形図を示したが，この分析は，英語の長母音といわゆる二重母音が，母音と半母音の連鎖であるという仮定に基づいている．この仮定の根拠としては，長母音や二重母音が，短い母音に子音が後続している連鎖と同等の分布上の特徴を示すからである．たとえば，aft という単語においては，/f/ は A_r 位置にあると考えられる．/f/ と同様に，長母音や二重母音の後半要素である半母音も A_r 位置にあるべき要素なのに，/-ft/ という連鎖では，すでに A_r 位置がふさがれているために，長母音や二重母音は /-ft/ と相容れないと言うことができる．(8c) を A_r の下位目録であると仮定したうえで，次ページの (15) に A_r-C_r 連鎖にかかる制約を示す．
　まず，A_r の下位目録は，(8c) の樹形図で示される /G, r, l, N, s, f/ である．それぞれの音素の UR_1 での素性の指定を示すと，(16) のようになる．

　　(16)　G = [A_r],　r = [+ret, A_r],　l = [+cons, A_r]
　　　　　N = [+nas, A_r],　s = [−son, A_r],　f = [−cor, A_r]

(15)

	A_r						C_r					C_r に適用される NR	実 例
	G	r	l	N	s	f	G	r	l	N	Obs		
a.	−	−	−	−	−	−	+	+	+	+	+	NR は適用されず	boy, far, fill, fan, fit
b.	+	−	−	−	−	−	−	+	+	+	+	N (ret) / A_r __	*-GG, fire, file, fine, fight
c.	+	+	−	−	−	−	−	−	+	+	+	N (cons) / A_r __ ret	*-rG, *-rr, snarl, farm, smart
d.	+	+	+	−	−	−	−	−	−	+	+	N (nas) / A_r __ cons	*-lG, *-lr, *-ll, film, silt
e.	+	+	+	+	−	−	−	−	−	−	+	N (son) / A_r __ nas	*-NG, *-Nr, *-Nl, *-NN, lint
f.	+	+	+	+	+	−	p, t, k のみ					N (F_i) / A_r __ son	*-sG, *-sr, *-sl, *-sN, wrist
g.	+	+	+	+	+	+	t のみ					N (F_j) / A_r __ cor	*-fG, *-fr, *-fl, *-fN, lift

ただし、F_i は [son, cont, voi, hi, rnd] であり、F_j は、F_i に [cor] を加えたものとする。

（15a）は，A_r 位置に何も現れなかった場合，つまり，C_r が単独で現れた場合を示している．当然のことながら，何も制約がかからず，C_r に許されている音素はすべて現れることができる．（15b）は，無標の A_r が現れた場合の制約を示している．（16）を見れば，A_r が無標でどの素性も指定されていない場合は，半母音（G で示されている）であることがわかる．つまり（15b）は，A_r 位置に半母音が現れたときに，C_r 位置において［retroflex］に関する中和が起こることを示している．ここで，C_r の樹形図は，（6）に示した C_o の樹形図と基本的に同じものであることを思い出していただきたい．この樹形図から，［retroflex］について有標な枝に属する半母音 /w/ と /y/ が排除されることになる．まとめて言うと，A_r に半母音が現れる場合には，C_r には半母音が現れないことになる．

（15c）は，A_r 位置に［retroflex］が指定された場合の制約である．（16）と照らし合わせると，A_r 位置に［retroflex］が指定されると /r/ が現れることになる．この場合，C_r の樹形図が［consonantal］について中和され，結果として /r, w, y/ が排除されることになる．（15d）は，A_r 位置に［consonantal］が指定され，/l/ が現れた場合の制約である．この場合は，C_r の樹形図が［nasal］に関して中和を受け，結果として /l, r, w, y/ が排除される．（15e）は，A_r 位置に［nasal］が指定された場合，つまり，N（= /n, m/）が現れた場合の制約である．この場合，C_r の樹形図が［sonorant］について中和され，共鳴音のすべて，すなわち /n, m, l, r, w, y/ が排除される．（15f）は，A_r 位置に［sonorant］が指定された場合の制約である．A_r 位置では，［−sonorant］が有標な値であることに注意していただきたい．（16）と照らし合わせると，A_r に /s/ が指定された場合ということになる．この場合，F_i（= sonorant, continuant, voice, high, round）について中和が起こり，結果として，/p, t, k/ のみが C_r 位置に許容される．（15g）は，A_r 位置に［coronal］が指定された場合である．A_r 位置では［−coronal］が有標である点に注意していただきたい．（16）を参照すると，A_r に /f/ が指定された場合ということになる．この場合，F_j（= sonorant, continuant, voice, high, round, coronal）について中和が起こり，結果として，/t/ のみが C_r 位置に許容されることになる．

第 6 章　音節構造の有標性理論　147

以上の結果をまとめて，A_r-C_r 連鎖を表にしたものが (17) である．

(17)　A_r-C_r 連鎖

	y	w	r	l	N	s	f
t	-yt	-wt	-rt	-lt	-Nt	-st	-ft
tʃ	-ytʃ	-wtʃ	-rtʃ	-ltʃ	-Ntʃ		
k	-yk	-wk	-rk	-lk	-Nk	-sk	
p	-yp	-wp	-rp	-lp	-Np	-sp	
d	-yd	-wd	-rd	-ld	-Nd		
dʒ	-ydʒ	-wdʒ	-rdʒ	-ldʒ	-Ndʒ		
b	-yb	-wb	-rb	-lb	-Nb		
g	-yg	-wg	-rg	-lg	-Ng		
s	-ys	-ws	-rs	-ls	-Ns		
ʃ	-yʃ	-wʃ	-rʃ	-lʃ	-Nʃ		
ʒ	-yʒ	-wʒ	-rʒ	-lʒ	-Nʒ		
f	-yf	-wf	-rf	-lf	-Nf		
z	-yz	-wz	-rz	-lz	-Nz		
v	-rv	-wv	-rv	-lv	-Nv		
θ	-yθ	-wθ	-rθ	-lθ	-Nθ		
n	-yn	-wn	-rn	-ln			
m	-ym	-wm	-rm	-lm			
l	-yl	-wl	-rl				
r	-yr	-wr					

次に，PC_r について考察してみよう．PC_r の樹形図は，(8d) に示してある．共鳴音である /n, l, r/ と阻害音である /d, t, z, s/ に分けて考えることにする．PC_r に共鳴音が起こる場合は，いわゆる，成節共鳴音 (syllabic sonorant) に対応する．基本的に，先行する要素に対して何も影響

を与えない．すなわち，可能な $PC_o\text{-}C_o\text{-}A_o\text{-}V\text{-}A_r\text{-}C_r$ 連鎖であれば，どのような連鎖にでも後続することができる．このような事情のため，可能性が多岐にわたり，すべてを列挙することが困難である．(18) は，Cairns (1988) が実例として示している単語である．

(18)　cluster, burglar, corner, border, scalpel

次に PC_r に阻害音 /d, t, z, s/ が現れる場合を考えてみる．Cairns (1988) によれば，この場合は，C_r に /t, p, k, s, n, l/ が許されるようである．具体例は (19) である．

(19)　quartz, traipse, hoax, baste, bounce, wild

さて，/t, p, k, s, n, l/ とは，どのような特徴を持つ分節音であろうか．/t, p, k, s/ は，阻害音 ([−sonorant]) の中で無標な分節音であるし，/n, l/ は，共鳴音 ([+sonorant]) の中で無標な分節音である．さらに詳しく述べると，/t, p, k/ の3つは，副次的な調音 ([+voice, +high, +round]) を持たない閉鎖音と言えるし，/s/ は最も自然な (つまり，無標な) 摩擦音であるし，/n/ は最も自然な鼻音，/l/ は最も自然な非鼻音性共鳴音である．まとめると，これらの分節音は，英語の分節音の中の無標な分節音を集めたものと言える．

無標なものを集めたということは，元の目録を中和したものとも言える．中和作用の様子を (20) に示す．

(20)　　PC_r に阻害音が現れたさいの C_r 位置での中和
　　　　a.　閉鎖音 ([−cont]) 全体　　/t, tʃ, k, kʷ, p, d, dʒ, g, gʷ, b/
　　　　　　[voice] の中和　　　　　/t, tʃ, k, kʷ, p/
　　　　　　[high] の中和　　　　　/t, k, kʷ, p/
　　　　　　[round] の中和　　　　 /t, k, p/
　　　　b.　摩擦音 ([+cont]) 全体　　/s, ʃ, f, z, ʒ, v, θ/
　　　　　　[voice] の中和　　　　　/s, ʃ, f, θ/
　　　　　　[high] の中和　　　　　/s, f, θ/
　　　　　　[strident] の中和　　　 /s, f/
　　　　　　[coronal] の中和　　　　/s/

c. 共鳴音（[+son]）全体　　／n, m, l, r, w, y, h/
　　［voice］の中和　　　　　／n, m, l, r, w, y/
　　［consonantal］の中和　　／n, m, l/
　　［coronal］の中和　　　　／n, l/

この中和を中和規則で表すと，(21)になる．この規則は複雑で仰々しく見えるが，実際の働きは(20)で示したものであり，不自然なものではない．

(21)　PC_r 出現時の C_r の中和規則

$$N \text{ (voi, hi, rnd, str, cons, } \langle \text{cor} \rangle \text{)} / \left\langle \begin{bmatrix} \text{cont} \\ \text{son} \end{bmatrix} \right\rangle \begin{bmatrix} \overline{C_r} \\ PC_r \\ \text{son} \end{bmatrix}$$

以上が，Cairns (1988) が提案している，単一形態素からなる1音節語の，語頭（頭子音）および語末（末尾子音）の音素配列に関する理論 MTSS の概要である．実は，MTSS では予測できない音素配列が存在する．たとえば，語末には /kst/（text, next）という子音連鎖が現れるが，これは，MTSS ではうまく分析できない．また，ここでは，/ndʒ/ は A_r-C_r 連鎖としてしか分析できない．つまり MTSS は，この連鎖の前には長母音や二重母音が現れないことを予測するが，これは実際は，lounge, scrounge, change のような例から明らかなように，事実に反している．これらの連鎖は，MTSS によれば例外的であるということになる．しかしこれらの連鎖は，語彙的な頻度が少ないだけでなく，特定の母音と強い相関関係を持っているようである．つまり /kst/ は /ɛ/ に後続する場合しか見つからないし，/ndʒ/ は，/aw/ または /ey/ に後続する例しか見つからない．このような状況を Cairns は，音韻的慣用句（phonological idiom）という考え方で捉えることを提案している．音韻的慣用句とは，これらの連鎖のように言語普遍に基づく一般原則からは予測できないが，当該の言語で固定された連鎖として常用されるものを言うようである．この音韻的慣用句という考え方が理論上どのような意味を持つかは，将来の研究を待たなければならない．

以上，頭子音および末尾子音の内部に見られる音素配列上の規則性を考察してきたが，次の節では，汎音節制約（音節全体に関わる音素配列上の制約）について考察してみる．

6.4 汎音節制約

汎音節制約（Pansyllabic Constraint）とは，音節全体に関わる音素配列上の制約のことである．汎音節制約は，上で考察した，頭子音および末尾子音の内部に見られる音素配列上の規則性とは，形式的にも機能的にも大きく異なっている．まず，汎音節制約は，同じ音素または類似の音素が同一音節内で繰り返し起こることを制限するような機能を持ち，形式的には，フィルター（filter）として定式化される．この定式化のさいに重要なのが，音節の鋳型が提供する音節内部の位置である．

たとえば，sC_o- という連鎖で始まるような音節を考えてみよう．このような音節には，少なくとも2つの制約が関わっている．1つ目は，このような音節の A_r 位置に /s/ が現れないというものである．したがって，*stask, *spast, *skusp のような音節は，本来の英語の単語としては不適格である．この制約は，A_o が存在しても同様に有効であるらしく，*strask, *splast, *scrusp のような音節も，英語の単語らしさがない．A_r 以外の位置に /s/ が生じることは可能であるらしく，Styx や sparse などが見つかる．そこで，次の (22) のようなフィルターを立てることができる．

(22) $*(_\sigma PC_o - C_o - X - V - A_r - C_r - Y)_\sigma$
$\qquad\qquad\qquad\qquad\qquad\quad |$
$\qquad\qquad\qquad\qquad\qquad\quad s$

もう1つは，sC_o 連鎖に後続する環境で，A_o のあるなしには関係なく，C_o に現れた音素が C_r に再び現れることを禁止するような制約である．この制約のために，*spup, *skack, *snon, *smam, *splup, *scrack などのような音節が英語の語彙から排除される．しかし，pup, crack, none などのように PC_o が欠けていたり，skulk, smarm などのように A_r が生じていたり，stet, strut のように C_o が無標である場合は，C_o と C_r に同じ

第 6 章　音節構造の有標性理論　151

分節音が生じても問題がないことを盛り込むと，(23) のようなフィルターを立てることができる．

(23)　*$({}_\sigma PC_o - C_o - X - V - C_r)_\sigma$
　　　ただし，C_o と C_r が同一の有標な素性を持つ場合．

このようなフィルターを定式化できるのは，音節内部のさまざまな位置を区別できるような仕組みが備わっているからである点に注意していただきたい．

すでに (11) で定式化してあるが，A_o 位置に現れた要素は，同一音節内に再び現れることができない．繰り返しになるが，下に (24) として示す．

(24)　A_o 位置と後続音素との共起制限
　　　$({}_\sigma X - A_o - Y - W - Z)_\sigma$
　　　　　　　$|$　　　　$|$
　　　　　　　F_i　　　F_i
　　　X, Y, Z は，なんらかの連鎖（空の連鎖も含む）．W は，V, A_r, C_r, PC_r のいずれか．

このフィルターは，*/klɪlt/, */krɑrk/, */klʌl/ などを排除する．

　以上，この節では汎音節制約を考察した．ある領域を持つ音韻構造の中に，2 つの同一または類似の要素の繰り返しを禁じる仕組みとしては，必異原則 (Obligatory Contour Principle) が知られている．汎音節制約は，必異原則の具体例として定式化できるかもしれないが，Cairns (1988) はこの可能性に，否定的な結論を出している．このような制約の理論的意味合いについては，将来の研究を待たなければならないようである．

6.5　ま　と　め

　この章では，Cairns (1988) が提案している MTSS という，音節の音素配列に関する理論を紹介した．MTSS では，音節の鋳型，音素の目録，中和の 3 つの仕組みが中心的な働きをしている．また，音節の鋳型があるおかげで，音節内のさまざまな位置を定義することができ，その位置を利用して，汎音節制約を立てることが可能になることも見た．

第7章　最適性理論と音節構造

1993 年に，音韻理論の発展にとって画期的な 2 つの論文が発表された．Prince と Smolensky による *Optimality Theory: Constraint Interaction in Generative Grammar* と，McCarthy と Prince による *Prosodic Morphology* I: *Constraint Interaction and Satisfaction* である．ともに原稿の形で流通し，正式な出版物としては出回っていない．しかしながら，この 2 つの論文の影響は絶大で，これ以降の音韻論の理論的研究の多くが，この枠組みに従って行われている．この 2 つの論文で打ち出された枠組みは，最適性理論（Optimality Theory）と呼ばれている．この章では，最適性理論に基づく音節構造の研究を取り上げることにする．まず，最適性理論の基本的な考え方を概観した後に，最適性理論における音節構造の理論を検討する．さらに，最適性理論における音節理論の英語音韻論への応用として，つなぎの R（linking-R）と挿し込みの R（intrusive-R）の歴史的発展と，分節音 [ŋ] の分布について考察することにする．

7.1　最適性理論の基本

世の中には，かならずしも両立しないさまざまな条件の相互作用で決定していることが多い．たとえば，政府の要人が移動するさい，この要人をテロリストの攻撃から守るということを考えてみよう．さまざまな条件が考えられるが，ここでは話を単純にするために，要人の移動のために使用する車体の強度と，車体の重量を考えてみよう．テロリストからの弾丸やロケット弾などの攻撃から身を守るためには，できるかぎり分厚い装甲を施すのがよい．しかし，他方，テロリストの攻撃からすばやく逃げ出すた

第7章　最適性理論と音節構造　153

めには，エンジンの出力に対する車体の重量を軽くするのがよい．しかし，分厚い装甲は車体を重くするし，軽い車体を作るためには装甲を薄くしなければならない．話を単純にするために装甲の厚さと車体の重量だけを考えたが，同じ目的のためには，その他の解決法もありえる．しかし，他の解決法を考えてみても，かならずしも両立しない条件がさらに複雑に絡みあっていることが確認されることになるであろう．薄くても強力な装甲が開発できるかもしれないが，おそらく費用が多くかかるであろうし，強力なエンジンを開発できるかもしれないが，これも，より費用がかかるであろうし，強力なエンジンはたぶん大型で，大型のエンジンは車体を大きくしてしまう．

　言語も，かならずしも両立しない条件の相互作用によって成り立っていると考えることができる．最適性理論では，この考え方に基づき，ある個別言語の文法は制約 (constraint) の階層 (hierarchy) からなっていると考えられている．制約とは，言語が満たすべき条件のことである．制約どうしはかならずしも両立しないので，ある制約を守るためには，別の制約を破らなければならない場合もある．どちらの制約の違反がより重大な違反であるかを決定するための仕組みが，制約の階層である．高い順位 (rank) にある制約を守るためなら，より低い順位にある制約に違反することになる．さらにそれぞれの制約は，どの言語の文法にも含まれているという意味において，言語に普遍的であると考えられている．言語間もしくは方言間に見られる差異は，その文法に用いられている制約そのものの差異ではなく，制約の順位づけ (ranking) の差異であると考えられる．

　従来の生成音韻論では，順序づけられた規則による派生という考え方が，中心的な役目を果たしていた．抽象的な基底形を想定し，この基底形に次々に規則が適用されることで，最終的な表層形が得られると考えられてきた．しかしながら最適性理論では，表層形の適格性に関する，普遍的ではあるが違反可能な制約の相互作用によって，音韻現象を記述・説明しようとする．音韻論者の仕事は，ある特定の言語の文法において，どのような規則がどのような順序で適用されるかということを決定することではなく，普遍的な制約の間の順位を決定し，その言語で許されている表層の

形式を過不足なく記述することである．

　言語には，大きく分けて，(1)の3つの種類の力が働いている．

　(1)　3種類の力
　　　a.　有標性（markedness）
　　　b.　忠実性（faithfulness）
　　　c.　整　列（alignment）

　1つは，有標性に関する力である．この力により，言語は有標な構造を避け，より無標な構造に導かれる．この力に対抗する力が，忠実性に関する力である．この力により，もともと備えていた単語の区別は，たとえ有標なものでも，できるかぎり忠実に保持することが要求される．また，整列の力により，さまざまな構造の端がそろっていることが求められる．たとえば，強勢の位置を決定するさいに用いられるフット（あるいは脚）（foot）が，音韻的単語（prosodic word）の端に作られる傾向があることなどは，整列の力である．

　有標性について，さらに詳しく見てみよう．音韻構造には多くの言語で，より好まれるものとそうではないものがある．たとえば，多くの言語を調べてみると，前舌母音であれば，唇に丸めのある円唇母音より，唇に丸めのない非円唇母音が好まれることがわかる．ある言語に前舌の円唇母音が見つかれば，ほぼかならず前舌の非円唇母音が見つかるが，逆に，ある言語に前舌の非円唇母音が見つかるからといって，かならずしも前舌の円唇母音が見つかるとは言えない．また，音節構造に関して言うと，音節頭子音は，ないよりもあるほうが好まれ，音節末尾子音は，あるよりもないほうが好まれる．

　有標性に関する制約が，できるかぎり有標な構造を排除しようとする力であるのに対して，忠実性の制約は，有標な構造であっても，単語を区別する必要があれば，できるかぎり保存しようとする力である．たとえば，ドイツ語などの言語では，語末において阻害音が無声化することが観察される．これは，語末という環境で，無声阻害音が有声阻害音よりも好まれるという有標性に関する制約の力が，単語の区別を保存しようとする忠実

性の力よりも勝っていた結果と考えることができる．一方，英語などの言語では，語末の阻害音の有声性に関する有標性制約よりも，忠実性制約のほうが重視されるため，語末における阻害音の無声化は観察されないと考えることができる．

　忠実性制約が保持しようとするのは，単語の区別である．単語が区別されるのは，心的な辞書のレベルである．心的辞書（mental lexicon）に記載されている形式が実際の音声出力と同じであれば，忠実性制約が守られたことになるし，逆に異なっていれば，忠実性制約が破られたことになる．忠実性の概念を，心的辞書の記載形式と音声出力との間だけでなく，他のさまざまな対応関係に一般化しようという試みもあり，対応理論（Correspondence Theory）と呼ばれている．対応理論に関しては，次節で詳しく取り上げる．

7.2　最適性理論における文法の仕組み

　さらに具体的に，最適性理論の道具立てを見てみよう．最適性理論における個別言語の文法は，全体として，語彙部門から与えられた入力から実際の出力を得るような仕組みになっている．この機能を果たすため，文法は，語彙部門（Lexicon: Lex），生成部門（Generator: Gen），制約部門（Constraint: Con）および評価部門（Evaluator: Eval）の4つの下位部門から成り立っていると考えられている．

（2）　最適性理論に基づく文法の部門
　　　語彙部門：生成部門への入力となる形態素の語彙表示（lexical representation）を蓄える．
　　　生成部門：語彙部門から取り出した入力から，出力候補（candidate: cand）の集合を作り出す．
　　　制約部門：言語に普遍的な，違反可能な制約の集合．
　　　評価部門：制約部門の要素である制約を順位づけたもので，生成部門の作り出した出力候補の集合から，最適な（optimal）候補を選び出す．この候補が，実際の出力となる．

（3） 最適性理論の構成

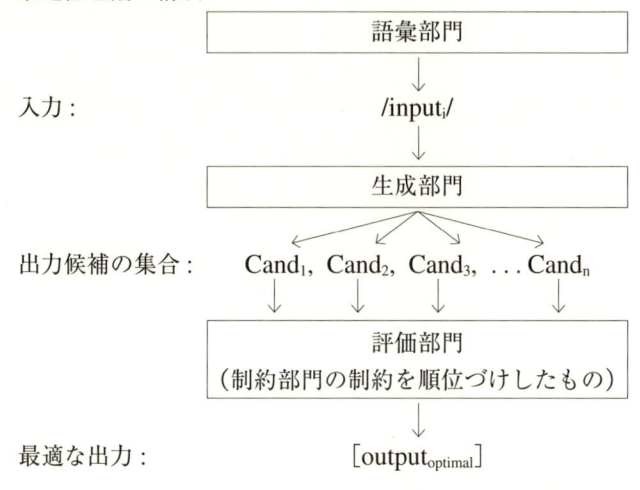

```
                        ┌─────────────────┐
                        │    語彙部門     │
                        └─────────────────┘
                                 ↓
入力：                       /input_i/
                                 ↓
                        ┌─────────────────┐
                        │    生成部門     │
                        └─────────────────┘
                         ↙   ↓   ↓   ↘
出力候補の集合：    Cand_1, Cand_2, Cand_3, ... Cand_n
                         ↓   ↓   ↓   ↓
                ┌─────────────────────────────────┐
                │           評価部門              │
                │ （制約部門の制約を順位づけしたもの） │
                └─────────────────────────────────┘
                                 ↓
最適な出力：                [output_{optimal}]
```

　語彙部門（Lex）は，語彙項目の貯蔵庫である．語彙部門に格納されている語彙項目には，その語彙項目と他の語彙項目を区別するために，十分な情報が盛り込まれている必要がある．どのような情報が盛り込まれなければならないかは，ここでは詳しく論じない．音韻論的な情報として，音素の連鎖が記録されていることとする．

　生成部門（Gen）は，入力の連鎖を，潜在的には無限の出力候補の集合に結びつける関数である．Gen は，言語学的に可能な形式に関する情報が含まれていると考えられている．たとえば，素性の可能な組み合わせに関する制限や，可能な音節の構造などの韻律構造に関する制限などのうち，どの言語においても違反されないような制限が，Gen に含まれている．Gen は，入力の連鎖に対して，違反されない制限を守っているような操作なら，どんな操作でも行い，出力候補を作り出す．たとえば，なんらかの構造を加える，なんらかの構造を取り去る，入力の連鎖の並びを変える，などの操作が可能である．

　Gen のもう1つの重要な仕事は，入力の連鎖に含まれる要素と，出力候補に含まれる要素とを対応づけることである．最適性理論が打ち出された当初は，入力と出力の関係だけを扱っていたが，その後，重複現象（reduplication）の研究において，基体（base）と重複要素（reduplicant）の間にも類似の対応関係を想定する必要があることが明らかになり，この2種類の対応関係を含み，さらに，他の対応関係にも一般化した対応理論（Correspondence Theory）が開発された（McCarthy and Prince 1995）．（4）は，対応（correspondence）の定義である．

（4） 対応：関係する2つの連鎖 S_1 および S_2 が与えられている場合，対応とは，連鎖 S_1 から連鎖 S_2 への関係（R）である．$\alpha R \beta$ のとき，要素 α（$\alpha \in S_1$）と要素 β（$\beta \in S_2$）を，お互いの対応要素（correspondent）と呼ぶ．（McCarthy and Prince 1995, 262）

　Gen によって，2つの連鎖の間にさまざまな対応関係を持つ出力候補が作り出される．忠実性もしくは同一性（identity）は，この対応関係を用いて計算される．どの要素がどの要素と対応するかは自由であるが，ある種の対応関係はなんらかの制約に違反することがある．2つの連鎖の対応関係は，制約部門に含まれる制約によって制限される．対応理論における忠実性制約の例を（5）に示す．

（5） 忠実性制約
　　　a.　MAX：　　S_1 に含まれるすべての分節（segment）は，S_2 に対応要素を持つ．
　　　b.　DEP：　　S_2 に含まれるすべての分節は，S_1 に対応要素を持つ．
　　　c.　IDENT (F)：S_1 と S_2 の対応要素は，素性 [F] の値が一致する．

最大化制約 MAX (MAXIMALITY) は元の連鎖に存在した分節の削除をさまたげる．また，依存制約 DEP (DEPENDENCE) は，元の連鎖に存在しない分節の挿入をさまたげる．さらに，素性同一性制約 IDENT (F) (IDENTITY) は，対応する要素の素性の値が同一であることを要求する．

　制約部門（Con）は，制約の集合で，この集合に含まれる制約は普遍的であると考えられている．複数の制約を，同時には満たせない場合もある．その場合には，より重要な制約の違反を回避するために，重要でない

制約の違反を容認しなければならないこともある．それぞれの言語の文法の差異は，どの制約を重要視するかによる．

　評価部門（Eval）は，Gen が作り出した出力候補の集合の中から，最適な出力（実際の出力）を選び出す仕組みである．Eval は，Con に含まれる制約をそれぞれの個別言語の事情に応じて順位づけした制約の階層と，評価のための仕組みからなっている．ある入力から得られる実際の出力は，この評価の仕組みによって最適とされたものである．出力候補の集合から最適な出力を選び出すための仕組みを理解するために，次のような仮の文法を想定してみよう．この文法には，2つの制約 A と B が含まれており，A のほうが B よりも重要な制約であるとしよう．さらに，Gen に対してある入力 /$input_i$/ が与えられると，少なくとも，2つの出力候補 $Cand_1$ と $Cand_2$ が作り出されるとしよう．$Cand_1$ は制約 B に違反していて，$Cand_2$ が制約 A に違反しているとする．(6)の制約の表が，この違反の状況をわかりやすく表示している．

(6) 制約の表

	/$input_i$/	A	B
a. ☞	$Cand_1$		*
b.	$Cand_2$	*!	

制約の表では，より重要な制約が，より左に配置されるようになっている．上の表では，制約を区切るために実線が用いられている．これは，この2つの制約の順位づけが，決定されたものであることを示す．2つの制約の間の順位づけに関する証拠が見つからないなどの理由により，2つの制約の間の順位が決定されていない場合には，実線の代わりに破線が用いられる．制約に対する違反は "*" を用いて示される．

　さて，(6)の表では，$Cand_1$ が制約 B に違反しているが，競争相手である $Cand_2$ が，より重要な制約である制約 A に違反しているために，$Cand_1$ が実際の出力として選ばれる様子が示されている．最適な出力候補は，記号 "☞" を用いて示される．また，記号 "!" は，最適ではない出力候補

が犯している決定的な違反を示すために用いられる．この記号が付与された違反のために，その候補が他の候補に負けてしまうのである．さらに，出力の決定に関わらない部分には，網掛け (shading) が施される．以上，最適性理論で用いられる道具立ての概略を見たので，次に，最適性理論における音節構造の理論を考察してみることにする．

7.3 最適性理論の音節構造の理論

音節構造の間に見られる有標性について，次のような一般化が多くの研究者によって受け入れられている (Jakobson 1962; Clements and Keyser 1983)．

(7) a. 頭子音が欠けている音節は，そうでない音節に比べ，有標である．
b. 末尾子音が存在する音節は，そうでない音節に比べ，有標である．

つまり，頭子音がある音節だけで成り立っているような言語や，末尾子音を欠く音節だけで成り立っているような言語は，珍しくないが，すべての音節で頭子音が欠けているような言語や，必ず閉音節でなければならないような言語は，存在しない．音節構造を考えるうえでは，子音の連鎖が許されるか否かということも重要であるが，その点を無視すると世界中の言語は，頭子音が随意的か否かという基準と，末尾子音が禁じられるか否かという基準で分類され，結局，4種類の類型に分けることが可能である．

(8) Jakobson (1962) による音節構造の類型

		頭子音	
		必須	随意
末尾子音	禁止	ΣCV	Σ(C)V
	随意	ΣCV(C)	Σ(C)V(C)

(8) において，C は子音を，V は母音を表している．( ) が付されて

いる要素は，随意的な要素である．また，Σxとは，当該の言語の音連鎖がxの繰り返しに分解できることを示す．たとえば，ΣCVは，当該の言語の音連鎖がCVの繰り返しに分解できるということである．

最適性理論では，ONSETとNOCODAという2つの有標性制約と，一般的な忠実性制約の相互作用の帰結として，この類型論を捉えようとしている（McCarthy and Prince 1993, 1995）．

(9) a. ONSET : 音節には，頭子音が必要．
b. NOCODA : 音節には，末尾子音は不要．
c. MAX-IO : 入力に含まれるすべての分節は，出力において何らかの対応要素を持つ．
d. DEP-IO : 出力におけるすべての分節は，入力においてなんらかの対応要素を持つ．

MAX-IOとDEP-IOは入力（Input）と出力（Output）の間の忠実性制約であり，そのことを示すためにIOの文字が添えられている．

まず，2つの忠実性制約（9c, d）が，2つの有標性制約（9a, b）よりも重視される場合を考えてみる．このような場合には，入力の連鎖がそのまま忠実に出力されることになる．/V/が入力であれば，[V]が出力になり，/CVC/が入力であれば，[CVC]が出力される．結果として，(10)の右下のような言語，すなわち，頭子音も末尾子音も随意的であるような言語（Σ(C)V(C)）が生み出される．このような言語では，(C)V(C)の連鎖が生じることになる．

(10) 「Jakobsonの類型」の要素分解類型論的分析

		頭子音	
		ONSET >> MAX ONSET >> DEP	MAX, DEP >> ONSET
末尾子音	NOCODA >> MAX NOCODA >> DEP	ΣCV	Σ(C)V
	MAX, DEP >> NOCODA	ΣCV(C)	Σ(C)V(C)

有標性制約のいずれかが，忠実性制約の両方またはいずれかよりも重視される場合は，どうなるであろうか．もし ONSET が重視されると，いかなる場合にも頭子音が要求されることになる．つまり，(10) の左の列のような言語 (ΣCV, ΣCV(C)) が生み出される．もし，NOCODA が重視されると，いかなる場合にも末尾子音が許されないことになる．つまり，(10) の上の行のような言語 (ΣCV, Σ(C)V) が生み出されることになる．

このように，音節構造に関わる2つの有標性制約と一般的な忠実性制約を使うと，音節構造に関する類型論についての洞察が得られることがわかった．この仕組みは，さらに，音節構造に関する重要な一般化を説明することができる．それは，頭子音優先の原理 (Principle of Onset First または Maximal Onset) と呼ばれるものである (Steriade 1982; Selkirk 1982; Clements and Keyser 1983; Itô 1986)．

(11)　頭子音優先の原理：発話のさいの音節構造においては，当該言語の基本的音節構築の原理に則り，頭子音が最大化される．

(Selkirk 1982, 359)

(11) の原理によって，母音間の単独の子音は，典型的には末尾子音ではなく，頭子音に組み込まれることになる．つまり，(12a) の構造が (12b) の構造よりも普遍的に好まれるということである．

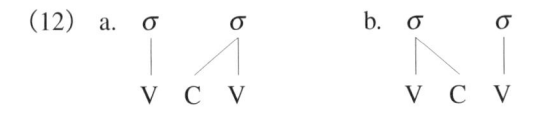

(12)　a.　σ　　σ　　　b.　σ　　σ
　　　　　|　　 /\　　　　　 /\　 |
　　　　　V　C　V　　　　V　C　V

(9) で示した制約を用いる最適性理論による分析では，制約 ONSET が頭子音を好み，制約 NOCODA が末尾子音を嫌うため，(12b) よりも (12a) のほうが好まれることになる．実際は，(12b) のような音節化は不可能であることが予測される．(13) の表を見ると状況がはっきりする．(13) の表で，"." は音節の境界を示すものとする．

(13) VCV 連鎖の音節化

	/CVCV/	NoCoda	Onset	Max	Dep
a. ☞	CV.CV				
b.	CVC.V	*	*		

(9) の 4 つの制約をどのように順位づけても，(13a) の音節化がいつも好まれることになる．これは非常に興味深い結果である．音節の構造の有標性を捉えるために独立に必要な Onset と NoCoda という制約が，母音間の子音の音節化の傾向をも説明できるのである．しかしながら，頭子音を最大化する傾向に逆らっているような現象が見つかっている (Beckman 1999, 211)．たとえば，英語の母音間の子音列の音素配列に関する一般化を捉えるためには，頭子音を最大化するのではなく，末尾子音を最大化しなければならないと考える論者もいる (Cairns (1988) など)．

7.4 つなぎの R と挿し込みの R の類型論

前節で見たように，最適性理論の仕組みは，言語間もしくは方言間に見られる類型論に関して，非常に強力な予測をする．制約そのものは言語に普遍的であるのだから，言語間の差異は，制約の順位づけにしか求められないのである．以下に，音節構造に関わる制約の相互作用による類型論の具体例として，英語のさまざまな方言における [r] の出没について考えてみよう．(最適性理論に基づく [r] の出没に関する論考としては，Anttila and Cho (1998) や McCarthy (1993) などがある．英語のさまざまな方言に関しては，Wells (1982) を参照．)

7.4.1 つなぎの R

英語の方言は，word, bird, heard などの単語に含まれる母音として，R 音性の母音を使うか使わないかで，R 音性的 (rhotic) 方言と非 R 音性的 (nonrhotic) 方言の大きな 2 つのグループに分類できるとされている．ここで問題になっている R 音性の母音とは，[ɚ] のことで，(14) の表では /ɜr/ と表示されている．(14) に，代表的な英語の方言に見られる R 音

性の現れ方の対応を示した．SSE はスコットランド標準英語（Scotland Standard English），GA は一般アメリカ語（General American），RP は（イギリス）容認発音（Received Pronunciation）のことである．それぞれの方言の中にさらに変動が見つかるため，数字を付して区別してある．それぞれの方言の R 音性以外の音声的特徴や地域的な広がり，また社会的な意味合いに関しては，ここでは立ち入らないことにする．また，(14) には，強勢の置かれる音節に現れる母音のみを示してある．butter のような単語の，語末の音節に含まれている強勢の置かれない母音は，R 音性的方言では [ər] のように，[r] を伴って R 音性母音として発音されるが，非 R 音性的方言では [ə] のように，[r] を伴わず，非 R 音性母音として発音される．((14) は，基本的に Giegerich (1992, 63) からの引用である．記号の使い方は Giegerich に従った．)

(14) 代表的な英語の方言における R 音性の対応

	SSE			GA		RP	
	SSE-1	SSE-2	SSE-3	GA-1	GA-2	RP-1	RP-2
here	/ir/	/ir/	/ir/	/ir/	/ir/	/ɪə/	/ɪə/
hair	/er/	/er/	/er/	/er/	/er/	/ɛə/	/ɛə/
car	/ar/	/ar/	/ar/	/ɑr/	/ɑr/	/ɑ/	/ɑ/
sure	/ur/	/ur/	/ur/	/ur/	/ur/	/ʊə/	/ɔ/
sport	/or/	/or/	/or/	/or/	/ɔr/	/ɔr/	/ɔ/
short	/ɔr/	/ɔr/	/ɔr/	/ɔr/			
word	/ʌr/	/ʌr/	/ɜr/	/ɜr/	/ɜr/	/ɜ/	/ɜ/
bird	/ɪr/						
heard	/ɛr/	/ɛr/					

SSE と GA は R 音性的方言であり，PR は非 R 音性的方言である．世界の英語に視野を広げると，SSE と GA のほか，南イングランド地方の一部（Bristol を中心にした West Country 地方），北イングランド地方の

一部（Lancashire 地方など），ウェールズ地方，アイルランドなどでは，R 音性的英語が話されており，一方，RP を代表とするイングランド地方のほかに，オーストラリア，ニュージーランド，南アフリカ，アメリカ東海岸，アメリカ南部などでは，非 R 音性的英語が話されている（竹林 1996）．

　（14）を見てまず気がつくのは，それぞれの方言によって，区別される母音の数が異なっているということであろう．SSE がいちばん多くの区別を保存しているという意味で，いちばん保守的な方言と見受けられる．SSE の中でも，SSE-1, SSE-2, SSE-3 の順に区別を失っていることがわかる．GA は，SSE が持っている区別をさらに失っている．RP が多くの区別を失ったという点において，いちばん革新的な方言と言える．ここで注意していただきたいのは，「保守的な方言から革新的な方言が生じた」とか，「保守的な方言のほうが，革新的な方言より古い」というような主張をしているのではないということである．つまり，どの方言も現代語であるので「古い」とは言えず，「新しい」と言うべきであるし，方言間の関係についても，共通の「先祖」から枝分かれしたのは確かであるが，「親子関係」というよりは，兄弟やいとこの関係と言うべきである．

　さて，R 音性的方言では，母音の後ろの位置にある語源的な /r/ が基本的に常に発音されるが，非 R 音性的方言では，母音の後ろの位置にある語源的な /r/ は，語末や子音の前では発音されない．そのため，たとえば非 R 音性方言である RP-2 では，here, hair, car, sure, sport, short, word, bird, heard などの単語では，それぞれ（14）で示した母音が用いられ，/r/ は生じない（(15a)）．しかしながら，非 R 音性的方言においても，これらの母音で終わっている単語に -ing, -er, -est, -or, -y, -al などの母音で始まる接尾辞が後続すると，語末にこの語源的な /r/ がほぼ確実に現れる（(15b)）．接尾辞ではなくとも，母音で始まる単語が続くような場合にも，語源的な /r/ が出現することがあるが，かならず現れるわけではない（(15c)）．ちなみに，形態素の切れ目のない単語の母音に挟まれた位置には，語源的な /r/ が問題なく生じることができる（(15d)）．

(15) 非R音性方言に見られる語源的な /r/ の分布
    a. here [hɪə], hair [hɛə], car [kɑ], sure [ʃʊə, ʃɔ], sport [spɔt], short [ʃɔt], word [wɜd]
    b. store [stɔ] storing [stɔrɪŋ], hear [hɪə] hearer [hɪərə], star [stɑ] starry [stɑrɪ] . . .
    c. far away [fɑ(r) əwey], here and there [hɪə(r) ən(d) ðɛə] . . .
    d. lyrics, herring, hurry, marry . . .

このように，語末の語源的な /r/ を想定しうる単語の後続する位置に，母音で始まる接尾辞や単語が生じる場合に，実際の音声実現として [r] が現れる現象を，Rのつなぎ (R-linking) と呼び，この [r] を，つなぎのR (linking-R) と呼ぶ．

7.4.2 挿し込みのR

ところで，非R音性的方言の話者の中には，本来語源的な /r/ が想定できないような場合にも，母音の連続に [r] を挿し込んで発音する話者が存在する．このような場合に挿入される [r] のことを，挿し込みのR (intrusive-R) と呼び，この現象をRの挿し込み (R-insertion) と呼ぶ．(16) に，挿し込みのRが生じている例を示す．挿し込みのRを {r} で示してある．Rの挿し込みは，(16a) の例のように，母音で終わる単語と母音で始まる単語の間で起こることが多いが，(16b) のように母音で終わる単語と母音で始まる接尾辞の間で起こることもある．

(16) 挿し込みのR
    a. Shah{r} of Persia, law{r} and order, the idea{r} is . . .
    b. draw{r}ing, withdraw{r}al, . . .

単に，母音で終わる単語と母音で始まる単語（または，母音で始まる接尾辞）との間という条件が整っただけでは，Rの挿し込みは起こらない．最初の母音が，語源的 /r/ に先行しうる母音，つまり RP の場合であれば，/ɪə, ɛə, ʊə, ɑ, ɔ, ɜ, ɑ/ でなければならない．((17) の音声表記は，Giegerich に従った．)

(17) RPにおける挿し込みのRの分布 (Giegerich 1992: 282)

a	idea	/ɪə/	b	idea is	/aɪdɪərɪz/	c	see it	*/sɪrɪt/
	Eritrea	/ɛə/		Eritrea is	/ɛrɪtrɛərɪz/		lay it	*/lerɪt/
	skua	/ʊə/		skua is	/skjʊərɪz/		do it	*/durɪt/
	spa	/ɑ/		spa is	/spɑrɪz/		boy is	*/bɔɪrɪz/
	law	/ɔ/		law and	/lɔrənd/		show it	*/ʃorɪt/
	?	/ɜ/		? is	/ɜrɪz/		now is	*/naʊrɪz/
	Brenda	/ə/		Brenda and	/brɛndərənd/		why is	*/waɪrɪz/

以上，つなぎのRと挿し込みのRについて概観した．つなぎのRと挿し込みのRの出没は，(18)のようにまとめることができる．(⟨r⟩は，削除される [r] を示し，{r} は，挿入される [r] を示す．)

(18) 英語に見られる [r]-∅ 交替

	語源的 /r/ を含む単語		語源的 /r/ を含まない単語
a	/r/ の削除	b	変化なし
	The spa⟨r⟩ seems to be broken. He put the tune⟨r⟩ down. You'⟨r⟩e somewhat older.		The spa seems to be broken. He put tuna down. The boat tends to yaw some.
c	つなぎのR	d	挿し込みのR
	The spar is broken. He put the tuner away. You're a little older.		The spa{r} is broken. He put the tuna{r} away. The boat'll yaw{r} a little.

(18a) と (18c) で示されている単語は，語源的にももともと語末に [r] を持つと考えられるものである．(18a) と (18c) の対比から，子音の前では語末に現れる [r] が削除されるが，母音の前では削除されないことがわかる．一方，(18b) と (18d) で示されている単語は，語源的には語末に [r] が想定できないものである．(18b) と (18d) の対比では，母音の間にもともとなかったはずの [r] が生じているのに対して，子音の前には

この [r] が生じていないことがわかる．

7.4.3　最適性理論と方言

　もともと語源的な [r] が存在していれば，結果として削除されることになるし，語源的な [r] が存在していなければ，[r] が挿入されることになる．しかし，「削除される」や「挿入される」などの見方をやめて，どのような環境で [r] が生じているか，もしくは生じていないかを考えると，面白いことがわかる．つまり [r] は，頭子音に音節化可能な位置には生じる(削除されない/挿入される)が，末尾子音に音節化しなければならない場合には生じていない(削除される/挿入されない)ということである．たとえば，(18c)では，語源的な /r/ が母音で始まる次の単語の頭子音に(再)音節化されることにより，削除を免れることになっていると考えることができる．このことは，末尾子音が避けられ，頭子音が好まれるという傾向の現れである．最適性理論では，この傾向を，音節構造に関わる2つの有標性制約 Onset と NoCoda ((19)) を用いて捉えようとしていることは，すでにふれたとおりである．

(19)　音節構造に関わる有標性制約
　　　a.　Onset：音節には，頭子音が必要．
　　　b.　NoCoda：音節には，末尾子音は不要．

　これらの有標性制約のほかに，忠実性制約が存在する．忠実性制約は，構造の挿入や削除を禁止するものなどに分類できることはすでに示したが，ここでは話を簡単にするために，細かい分類をせずに，(20)のように定義する．

(20)　Faith：削除や挿入を許すな．

　英語には少なくとも，次のような5種類の方言が存在すると考えられ，歴史的には，下に行くほど革新的であることがわかっている．(現存する方言とその歴史的変遷に関して，詳しいことは Anttila and Cho (1998) とその参考文献を参照されたい．)「変異有」と示したものは，その現象が

起こったり起こらなかったりすることを示している．

(21) 英語の方言：つなぎのRと挿し込みのR

	つなぎのR	挿し込みのR	全体としての変異
a	起こらない	起こらない	変異無
b	起こる(変異有)	起こらない	変異有
c	起こる(変異無)	起こらない	変異無
d	起こる(変異無)	起こる(変異有)	変異有
e	起こる(変異無)	起こる(変異無)	変異無

変異がある方言をどのように記述するかは後に論じることにして，まず全体として変異のない方言，すなわち (21a, c, e) を最適性理論でどのように記述するか考えてみよう．

何も起こらない (21a) の場合は，忠実性制約が高く順位づけられていることになる．

(22) (21a) の方言

			FAITH	NOCODA	ONSET
a.	☞	Wanda left			
		Wanda{r} left	*!	*	
b.	☞	Homer left		*	
		Home⟨r⟩ left	*!		
c.	☞	Wanda arrived			*
		Wanda{r} arrived	*!		
d.	☞	Homer arrived			
		Home⟨r⟩ arrived	*!		*

このような順位づけだと，単語にもとから含まれていた /r/ は，どの位置でも忠実性制約により守られて削除されずに実現するし，また，もともと

単語には含まれていない /r/ が挿入されることも，忠実性に違反することになるので許されない．

さて，次に (21c) の方言を見てみよう．この方言では，つなぎの R は起こるが，挿し込みの R は起こらない．これは，裏返して言えば，語源的 /r/ が末尾子音に生じるような場合には削除されるが，頭子音に起こるような環境のときは削除されずに実現するということになる．つまり，この方言では，末尾子音を禁止する NoCoda が忠実性制約 Faith よりも高く順位づけられているので，末尾子音に現れる /r/ が避けられて，忠実に実現するより削除されると言うことができる．しかしながら Faith は，頭子音を要求する制約 Onset よりも高く順位づけられているので，もともと頭子音が欠けているような場合，そのまま実現することになる．

(23) (21c) の方言

			NoCoda	Faith	Onset
a.	☞	Wanda left			
		Wanda{r} left	*!	*	
b.		Homer left	*!		
	☞	Home⟨r⟩ left		*	
c.	☞	Wanda arrived			*
		Wanda{r} arrived		*!	
d.	☞	Homer arrived			
		Home⟨r⟩ arrived		*!	*

次に，(21e) の方言を考えてみよう．この方言では，つなぎの R も挿し込みの R も，ともに起こる．つなぎの R が起こる理由は，(21c) の方言と同様である．挿し込みの R が起こるのは，頭子音を要求する制約 Onset が忠実性制約 Faith よりも高く順位づけられているからである．頭子音が存在しないような音節には，挿し込みの R によって，頭子音の子音として /r/ が挿し込まれることになる．

(24) (21e) の方言

			NoCoda	Onset	Faith
a.	☞	Wanda left			
		Wanda{r} left	*!		*
b.		Homer left	*!		
	☞	Home⟨r⟩ left			*
c.		Wanda arrived		*!	
	☞	Wanda{r} arrived			*
d.	☞	Homer arrived			
		Home⟨r⟩ arrived		*!	*

　このように変異のない方言は，(19) の音節の有標性に関する2つの制約と (20) の忠実性制約を，適切に順位づけることによって記述できることが確認された．

　さて，全体として変異のある方言 (21b, d) は，どのように記述されるべきかを考えてみることにする．Anttila and Cho (1998) によれば，これらの方言は，上で論じた変異のない方言の間の揺れとして捉えることができる．そこで，揺れが起こる仕組みを考える必要がある．揺れとは，ある段階での方言の文法に含まれる制約の順位づけが失われること，と考えることができる．このような考え方に基づくと，英語は (25) の矢印で示されたような歴史的変遷を経たと考えることができる．(25) の図でそれぞれの方言の文法を表すさい，上に書いた制約ほど上位に順位づけられていることを示している．また，{ } に囲まれた制約は，それらの間に順位づけがないことを示している．

第 7 章 最適性理論と音節構造　171

(25)
Wanda left	Wanda left	Wanda left
Homer left	Home⟨r⟩ left	Home⟨r⟩ left
Wanda arrived	Wanda arrived	Wanda{r} arrived
Homer arrived	Homer arrived	Homer arrived
方言 (21a) の文法	方言 (21c) の文法	方言 (21e) の文法
Faith	NoCoda	NoCoda
NoCoda	Faith	Onset
Onset	Onset	Faith

方言 (21b) の文法　　　方言 (21d) の文法
{Faith, NoCoda}　　　　NoCoda
Onset　　　　　　　　{Faith, Onset}
(r∼⟨r⟩)　　　　　　　(⟨r⟩), (∅∼{r})

方言 x の文法
{Faith, NoCoda, Onset}
(r∼⟨r⟩), (∅∼{r})

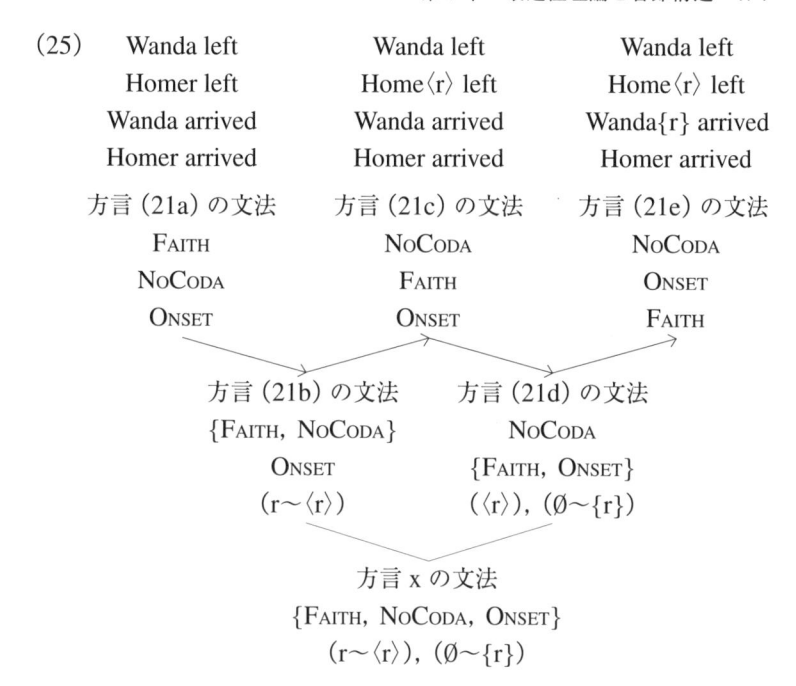

　この歴史的変遷は，音節に関する 2 つの有標性制約 NoCoda と Onset に対して，忠実性制約 Faith がその地位を下げていく過程とみなすことができる．矢印の根元にあるのが，いちばん「古い」(21a) の方言の文法である．この方言は，(22) で見たように，Faith ≫ NoCoda ≫ Onset という順位づけをその文法に含んでいる．この文法から，Faith ≫ NoCoda という順位づけを取り除くと，次に「古い」(21b) の方言の文法ができあがる．この方言の文法では，Faith ≫ NoCoda という順位づけが失われているために，この 2 つの制約の順位については任意であると考える．そのため，この方言は，(21a) と (21c) の方言の文法の間で揺れているように見える．つまり，ある場合には，Faith ≫ NoCoda ≫ Onset という順位づけの文法を持っているように見え，また別の場合には，NoCoda ≫ Faith ≫ Onset という順位づけの文法を持っているように見えるわけである．別の言い方をすると，ある場合には，つなぎの R も挿し込みの R

も起こらないが，ある場合には，つなぎのRが起こる（しかし，挿し込みのRは起こらない）．

(21b)の方言の文法から，(21c)の方言の文法に至る道のりでは，(21b)で失われた順位づけが固定される．そのさい，(21a)に逆戻りするような仕方では，順位が固定されない点に注意していただきたい（これは逆戻りが不可能なのではなく，逆戻りしても変化として認められないということであろう）．このように順位が固定されることによって，(21c)の方言の文法が得られる．その次の段階では，FAITH と ONSET の間の順位づけが失われ，その結果，(21d)の方言の文法が得られる．揺れの仕組みは，(21b)の方言の場合と同様である．すなわち，順位づけが失われた2つの制約の間の順位づけが任意となり，2つの順位づけの間で揺れているように見えるのである．次の段階では，前の段階で失われた順位づけが固定される．その結果，(21e)の方言の文法ができあがる．

ところで，3つの制約の間の順位づけがすべて失われてしまったら，どうなるであろうか．(25)の図で，方言 x として示したものがこれに該当する．この順位づけは，(26)のような方言を予測する．この方言は，(21)で示したいずれの方言とも異なるものである．ここでの考え方に基づけば，このような方言が存在しても不思議ではない．

(26) 方言 x：つなぎのR および挿し込みのRが，ともに随意的に起こる．

しかしながら，ここまでに想定した仕組みでは，(27)のような特徴を持った方言は，存在しない．

(27) a. 頭子音への挿し込みのR はあるが，末尾子音の [r] の削除がない．
      b. 頭子音への挿し込みの R は任意に起こるが，末尾子音の [r] の削除がない．
      c. 頭子音への挿し込みの R があり，かつ，末尾子音の [r] の削除が任意に起こる．
      d. 挿し込みのR が頭子音ではなく，末尾子音で起こる．すな

第 7 章 最適性理論と音節構造　173

　　　　わち，Wanda arrived なのに，Wanda{r} left のようなこと
　　　　が起こる．
　　e. 語源的 [r] が末尾子音では起こるのに，頭子音では削除され
　　　　る．すなわち，Homer left なのに，Home⟨r⟩ arrived のよ
　　　　うなことが起こる．

実際には，(27a, b, c) は，最適性理論の枠組みの中で予想されるものである．すなわち，(25) の図の出発点になった方言 (21a) の文法として，FAITH ≫ NOCODA ≫ ONSET という制約の階層を想定したが，この方言を記述するためには，FAITH ≫ ONSET ≫ NOCODA という階層を想定することもできる．この階層から出発すれば，(27a, b, c) のような方言がありえることが予測されるのである．(28) は，(27a, b, c) のような方言が生じる場合にたどる可能性のある歴史的変遷である．実際にこのような方言が見つかれば，ここで示した最適性理論に基づく挿し込みの R とつなぎの R の分析が正しいことが，より確実性が高くなる．

(28)　　Wanda left　　　　　　Wanda left　　　　　　Wanda left
　　　　Homer left　　　　　　Homer left　　　　　　Home⟨r⟩ left
　　　　Wanda arrived　　　　Wanda{r} arrived　　　Wanda{r} arrived
　　　　Homer arrived　　　　Homer arrived　　　　Homer arrived

　　　　方言 (21a) の文法と　　方言 (27a) の文法　　方言 (21e) の文法と
　　　　同等　　　　　　　　　　　　　　　　　　　　同等

　　　　FAITH　　　　　　　　ONSET　　　　　　　　ONSET
　　　　ONSET　　　　　　　　FAITH　　　　　　　　NOCODA
　　　　NOCODA　　　　　　　NOCODA　　　　　　　FAITH

　　　　　　　　　　方言 (27b) の文法　　方言 (27c) の文法
　　　　　　　　　　{FAITH, ONSET}　　　ONSET
　　　　　　　　　　NOCODA　　　　　　　{FAITH, NOCODA}
　　　　　　　　　　(∅〜{r})　　　　　　　({r}), (r〜⟨r⟩)

方言 x の文法と同等
{FAITH, NOCODA, ONSET}
(∅〜{r}), (r〜⟨r⟩)

しかし興味深いのは，ここで想定しているような最適性理論に基づく分析は，(27d, e) のような方言が言語普遍的な観点からありえないという予測をする点である．これは，最適性理論に基づく分析が，2つの意味で優れていることを示している．1つは，英語の R の出没と独立に動機づけを持つ，言語間に普遍的に見られる音節構造の有標性の観察に基づいて，英語の R の出没が説明されている点である．もう1つは，普遍的にありえない方言が予測できる点である．すなわち，このような方言が見つかれば，ここで示した分析のいずれかの部分が間違いであるということになる．別の言い方をすると，ここで示した最適性理論に基づく分析は，反証することが可能であるということになる．

規則を用いるような音韻理論では，言語間に普遍的に見られる傾向を規則の定式化に盛り込むことがむずかしいうえに，ありえない方言を予測することも困難である．たとえば，規則を用いるような音韻理論では，実在する方言における R の出没を記述するためには，(29) のような規則を定式化することが必要になるであろう．

(29) a. 末尾子音において，[r] を削除せよ．
b. 母音が頭子音にあれば，[r] を挿入せよ．

しかしながら，(27d, e) のような方言を記述するための規則も，簡単に定式化できてしまう．(29) で，「末尾子音」や「頭子音」，「母音が...にある」などの概念を用いているのだから，(30) のような定式化を原理的に排除できない．

(30) a. 頭子音において，[r] を削除せよ．
b. 母音が末尾子音にあれば，[r] を挿入せよ．

つまり，(27d, e) のような方言も存在することが予測されることになる．これは，R の出没が音節構造の有標性と深い関係にあることを，自然な形

で規則の中に盛り込めないことによる．

以上，この節では，最適性理論における音節構造に関わる制約の相互作用による類型論の具体例として，英語のさまざまな方言における [r] の出没について考察してみた．最適性理論を用いれば，可能な方言や可能な歴史的変遷に関する興味深い予測が可能であるだけでなく，言語普遍的な観点から，不可能な方言や歴史的変遷についても予測ができるという点で大変興味深い．次の節では，英語の [ŋ] の分布について，日本語の [ŋ] との比較を含めて考察することにする．

7.5 [ŋ] と言語普遍

ここでは，英語の [ŋ] と言語普遍について，音節との関わりで，3つの側面から考察することにする．1つは，この分節音が語頭に生じないということについて，もう1つは，この分節音に先行する母音の音質について，第3点として，この分節音が語中に生じた場合の音節化についてである．

7.5.1 [ŋ] は語頭に生じない

英語では，軟口蓋鼻子音（velar nasal）の [ŋ] は語末には生じるが，語頭には生じない．この事実は，よく知られた英語の特徴の1つである．つまり，(31a) のように，語末に [ŋ] が現れているような単語は豊富に見つかるが，これらの単語の語頭と語末の子音を入れ替えたような形式 (31b) は，いっさい見つからない．さらに，(31c) に見られるように，他の鼻子音が語頭にも語末にも自由に生じることができることから考えると，この [ŋ] の振る舞いは，特徴的であると言える．

(31) a. bang, king, long, sing, song, ...
b. *[ŋæb], *[ŋik], *[ŋɔl], *[ŋis], *[ŋɔs], ...
c. bam, mob, nock, kin, ...

この特徴はどこから来るのであろうか．この問いに答えるためには，観察の範囲を広げ，多くの言語事実を考慮に入れなければならない．観察の範囲はいろいろな方向に広げることができるが，大きく分けて，英語以外

の言語の事実を考察する方向と，英語の中の他の事実を考察する方向の2つがある．まず，前者の方向性を探ってみよう．

7.5.2 日本語のガ行鼻濁音

身近な言語である日本語の事実を見てみよう．日本語における [ŋ] の現れ方は，英語と似ているところがある．日本語の方言には，いわゆるガ行鼻濁音を持っているものがある．ガ行鼻濁音を持っている日本語の方言では，語中のガ行音の子音が [g] ではなく，[ŋ] として現れる．たとえば，(32a) の単語の語頭に現れたガ行音の子音は，[g] であるが，(32b) に見られる単語の，語中に見られるガ行音の子音は，[ŋ] として現れる．

(32)　a.　下駄 [geta]，碁 [go]，外国 [gai+koku]，豪華 [goo+ka] ...
　　　b.　鍵 [kaŋi]，とかげ [tokaŋe]，国外 [koku+ŋai]，富豪 [ɸu+ŋoo] ...

ここで，[g] と [ŋ] は異音の関係にあると言える．つまり，語頭では [g] が現れ，それ以外の位置(つまり語中)では [ŋ] が現れており，相補分布の関係にあるということである．最適性理論では，異音関係を，特殊な環境に依存した有標性制約 (contextual markedness constraint)，より一般的な環境に依存しない有標性制約 (context-free markedness constraint)，忠実性制約 (faithfulness constraint) の3種類の制約の相互作用として捉えることができる．現在問題にしている [g] と [ŋ] の異音関係を取り扱うために，仮に，環境依存有標性制約として *$_{PrWd}$[ŋ，環境自由有標性制約として *g，そして忠実性制約として IDENT-IO(nas) を想定することにしてみよう．

(33)　ガ行鼻濁音に関わる制約群
　　　a.　*$_{PrWd}$[ŋ：韻律語の先頭では [ŋ] は避けられる．
　　　b.　*g：[g] は避けられる．
　　　c.　IDENT-IO(nas)：入力と出力で素性 [nasal] の値の変更を禁じる．

制約 *$_{PrWd}$[ŋ は，韻律語 (prosodic word: PrWd) の先頭には [ŋ] が現れ

ないという事実と対応したものである．韻律語とは，日本語の場合は，おおよそアクセント句に相当する．この制約より制約 *g が低く順位づけられることにより，語頭では [ŋ] が避けられ，その結果 [g] が生じるのに対し，語頭以外の位置，つまり語中では [g] が避けられ，結果として [ŋ] が生じることになる．

(34) と (35) は，[g] と [ŋ] の間に見られる異音関係を説明するための表である．(34) では入力に /g/ を想定し，(35) では入力に /ŋ/ を想定してある．どちらを入力に仮定しても，正しい出力が得られる．これは，この 2 つの分節音が異音関係にあることと関係している．異音関係にある分節音は，弁別的ではなく，単語を区別する力がない．このような場合は，どちらも可能な入力と考えてよい．このような状況を，入力の豊穣（Richness-of-the-Base）と呼ぶ．

(34) /g/ が入力の場合

/geta/	*$_{PrWd}$[ŋ	*g	IDENT-IO(nas)
☞ a. geta		*	
b. ŋeta	*!		*

/kagi/	*$_{PrWd}$[ŋ	*g	IDENT-IO(nas)
a. kagi		*!	
☞ b. kaŋi			*

(35) /ŋ/ が入力の場合

/ŋeta/	*$_{PrWd}$[ŋ	*g	IDENT-IO(nas)
☞ a. geta		*	*
b. ŋeta	*!		

/kaŋi/	*$_{PrWd}$[ŋ	*g	IDENT-IO(nas)
a. kagi		*!	*
☞ b. kaŋi			

(33)の3つの制約を想定すると，日本語に見られる[g]–[ŋ]の異音の分布を把握できることがわかった．ここまでの分析で *$_{PrWd}$[ŋ という制約が重要な働きをしている．この制約は，日本語の現象だけではなく，(31)で見た英語の[ŋ]の分布の特徴にも関係していると考えることもできそうである．しかし，結論を急がずに，日本語のガ行鼻濁音の分析を見直してみよう．

　日本語のガ行鼻濁音の分析には，実は，もう1つの重要な仮定が隠されている．分節音[g]に関する環境自由有標性制約 *g が想定されているが，同様に，分節音[ŋ]の生起を制限する環境自由有標性制約 *ŋ が想定されなければならない．さて，この制約は，制約の階層のどこに順位づけられるであろうか．もし，*ŋ >> *g であるとすると，[ŋ]がどの環境でも避けられて，いつも[g]が現れることになってしまう．そのため，*g >> *ŋ でなければならない．ここまでの議論をまとめると，(36)のような制約の階層を考えなければならないことになる (Itô and Mester 2000)．

(36)　ガ行鼻濁音に関わる制約(改訂版)

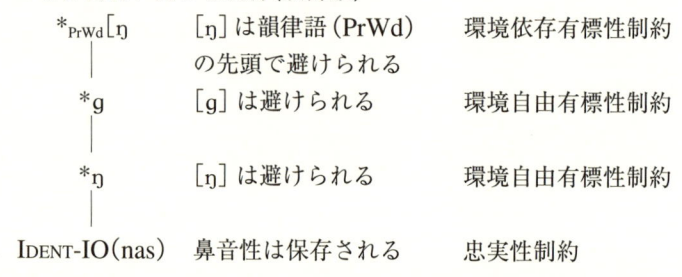

*$_{PrWd}$[ŋ	[ŋ]は韻律語（PrWd）の先頭で避けられる	環境依存有標性制約
|		
*g	[g]は避けられる	環境自由有標性制約
|		
*ŋ	[ŋ]は避けられる	環境自由有標性制約
|		
Ident-IO(nas)	鼻音性は保存される	忠実性制約

　Itô and Mester (2000) は，(36)の制約の階層には疑問点が3つあるとしている．まず1つ目は，制約 *g と制約 *ŋ の順位と言語普遍に関わる問題である．多くの言語を調べると，分節音[g]のほうが分節音[ŋ]よりも無標である傾向が見られる．これは，問題になっている2つの制約の順位づけが，*g >> *ŋ ではなく，*ŋ >> *g であることを示唆する．

　2つ目は，[g]–[ŋ]の異音関係の音声学的意味合いについてである．*g >> *ŋ という順位づけは，[g]が[ŋ]より嫌われていることを表すが，特

に [g] が嫌われる音声学的な理由は，それほど確かなものではない．

3つ目は，有標性制約 *$_{\text{Prwd}}$[ŋ の意味合いについてである．この制約は，位置による忠実性 (positional faithfulness) という考え方と照らし合わせてみると，奇妙なところがある．位置による忠実性という考え方は，Beckman (1998, 1999) により提案されたものである．音韻構造には，語頭などのように，音声学的または心理言語学的に目立つ位置 (privileged positions) があり，そのような位置は特別扱いされ，入力に対して忠実な出力が特に好まれる傾向がある．現在問題にしている *$_{\text{Prwd}}$[ŋ という制約は，語頭という特に忠実な出力を求められる位置で，忠実ではない出力を要求するような制約として定式化されている．たしかに，語頭で [ŋ] を避けるような言語はたくさん見つかるかもしれないが，このことだけでは，ある特定の位置に特化された有標性制約が存在することを保証しない．なぜ語頭で [ŋ] が避けられるのかについて，少なくとも循環的でない理由が見つからないかぎりは，この制約を使わない別の方向性を考えてみる価値がある．

1つの可能性は，語頭で [ŋ] が見つからない理由を，どのみち必要な *ŋ という有標性制約に求めるいき方である．すると，説明すべき事柄が逆転する．つまり，「なぜ語頭に [ŋ] が許されないか」ではなく，「なぜ，嫌われているはずの [ŋ] が語中では現れるのか」という問いに答えなければならなくなる．しかし，こうしてみると，後者の問いのほうが答えやすいことがわかる．日本語の場合であれば，母音に挟まれた位置では子音が弱化しやすいという，一般的な傾向に答えが求められるであろう．また後述するように，英語の場合は，子音連鎖における調音点同化に答えが求められるであろう．

さて，ここまでの議論をふまえると，(37) のような制約の階層を想定するのがよさそうである (Itô and Mester 2000).

180　第II部　音節の理論と構造

(37)　ガ行鼻濁音に関わる制約(決定版)

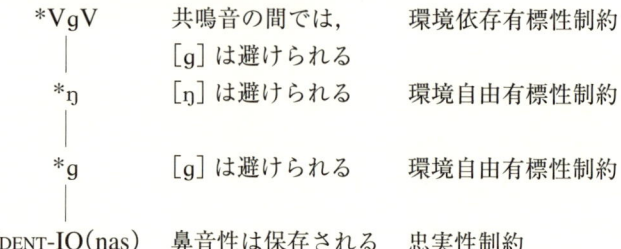

　　　　*VgV　　　　共鳴音の間では，　　環境依存有標性制約
　　　　　|　　　　　[g]は避けられる
　　　　*ŋ　　　　　[ŋ]は避けられる　　環境自由有標性制約
　　　　　|
　　　　*g　　　　　[g]は避けられる　　環境自由有標性制約
　　　　　|
　　　Ident-IO(nas)　鼻音性は保存される　忠実性制約

　ここで，環境依存有標性制約 *VgV は，母音(または共鳴音)に挟まれた位置では [g] が避けられることに対応した制約である．[g] が避けられるのは，母音に挟まれた位置だけではない．(38)で見られるように，撥音と母音に挟まれた位置でも避けられる．この制約は，この点を組み込んだ形で定式化されている点に注意してほしい．

(38)　[kaŋŋae] '考え'

　また，2つの環境自由有標性制約 *ŋ と *g の階層関係は，言語一般に観察される有標性の階層を反映したものに改善されている．つまり，[g] のほうが [ŋ] よりも無標な分節音であることが，この制約の階層から読み取れる．

7.5.3　英語の [ŋ]

　さて，日本語の [ŋ] の分布の分析をふまえて，次に英語の [ŋ] の分布を考えてみよう．ここまでの議論で，日本語のガ行鼻濁音の分布を分析するうえで，制約 *PrWd[ŋ を使わない分析もありえるということがわかった．さらに，この制約を使わない分析のほうが，この制約を使うものより理論的に優れていると言えそうである．もしそうであるとしたら，英語の [ŋ] の分布を分析するうえでも，この制約を使わない可能性を考えてみるべきであろう．しかしながら，まずは最初の見通しに基づいて，制約 *PrWd[ŋ を用いる分析を推し進めてみよう．

　(31)で見たように，たしかに，[ŋ] は語頭には現れない．しかし実際

は，語頭以外の位置においても，[ŋ] の現れない環境はたくさんある．たとえば，VCŋV のような連鎖は，英語では起こらない．この事実は，語頭において [ŋ] の出現を禁じるだけでは，不十分であることを示している．そこで，語頭や語末といった考え方ではなく，音節という考え方を取り入れてみることにしよう．音節という考え方に基づくと，このような連鎖の音節化の可能性としては，(39) の3つが考えられる．(39) において，ピリオド '.' は音節の境を示すものとする．

(39) VCŋV の音節化の可能性
 a. VC.ŋV
 b. V.CŋV
 c. VCŋ.V

まず，(39a) の可能性を検討してみよう．仮に，もし VC.ŋV のように音節化されているとすると，[ŋ] は，音節頭子音として音節に組み込まれていることになる．もし，語頭に [ŋ] が現れるとすると，音節頭子音として組み込まれていることなるはずである．つまり，語頭の [ŋ] も (39a) のように音節化された [ŋ] も，音節頭子音であるということになる．しかしこれらは，ともに英語には見つからない．ここで，[ŋ] が音節頭子音として不適格であるという制限を考えることにすれば，語頭の [ŋ] を禁じると同時に，(39a) の可能性を排除することになる．

(40) 英語の [ŋ] の分布に関わる制限(試案1)
 *$_\sigma$[ŋ：[ŋ] は音節の先頭で避けられる．

さて，(40) の制約 *$_\sigma$[ŋ は，日本語の分析に用いた制約 *$_{Prwd}$[ŋ と似ているところもあるが，かなりかけ離れたものであると言わざるをえない．つまり英語では，語頭以外の音節においても，その音節頭子音として [ŋ] が避けられることになるが，日本語では，語頭以外の音節では，その音節頭子音として [ŋ] は許されるのである．英語の分析で得られた結果を日本語の分析に生かすためには，(41) にあげたように，*$_{Prwd}$[ŋ という制約を *$_\sigma$[ŋ という制約と他の制約に分解するいき方がありえる．(41a)

は，日本語では *σ[ŋ という制約が語頭で特に顕著に働くというような考え方に基づいたものであり，(41b) は，日本語では *σ[ŋ が働いているのだが，英語とは異なり，語中で何か別の制約が働いているために，語中では [ŋ] が許されるようになるという考え方に基づいたものである．しかし，日本語と英語に同じ制約 *PrWd[ŋ が働いているという当初想定していた方向性に，なにか問題があることは確かであろう．

(41) 日本語に働いている制約 *PrWd[ŋ の実態
　　a. 制約 *σ[ŋ を語頭に特殊化した制約．
　　b. 制約 *σ[ŋ と，この制約の効果を語中で無効にする別の制約との組み合わせ．

話題をもとに戻して，(39) の他の音節化の可能性を考えてみよう．(39b) の可能性は，排除できそうである．つまり，Cŋ という子音連鎖を語頭に持つような単語は，存在しない．語頭において Cŋ のような子音連鎖が許されない事実に対応して，語中においても，(39b) のような音節化が許されないと言えるからである．そもそも，語頭の子音連鎖に鼻音が参加するのは，/sm/ と /sn/ しかない．しかし，語頭において，/s/ に後続する位置に鼻音が許されるのであれば，/sm/ や /sn/ と同様に，/sŋ/ も可能であってよいはずだが，実際には，英語の語頭には /sŋ/ は存在しない．

(42) 語頭の /s/ + 鼻音
　　a. smart, smooth, smile; snail, snake, snow
　　b. *s[ŋ]art, *s[ŋ]ooth, *s[ŋ]ile, *s[ŋ]ail, *s[ŋ]ake, *s[ŋ]ow

この事実を取り込むために，(40) の制約を一般化して，次の (43) のように再定式化することができるであろう．

(43) 英語の [ŋ] の分布に関わる制限(試案2)
　　a. *ONSET(ŋ)：[ŋ] は，頭子音では避けられる．
　　b. *ONSET
　　　　　|
　　　　　ŋ

(43) によって，(42b) に見られるような語頭の Cŋ が禁じられると同様に，(39b) のような音節化も禁じられることになる．

　(40) から (43) への一般化によって，英語においては，より広い範囲の事実が説明できることになる．つまり，英語では頭子音に，単独の子音だけではなく，複数の子音の列が現れることが可能だが，いずれにしても，頭子音に [ŋ] が出現できないということを (43) によって捉えることができる．しかも，日本語の分析についても悪い影響がない．日本語では，頭子音に子音は単独でしか許されないので，(40) の *$_\sigma$[ŋ という制約と (43) の *ONSET(ŋ) という制約は，実質的に同等の働きをすることになる．そこで，(41) は (44) のように言い換えられることになる．

(44)　日本語に働いている制約 *$_{PrWd}$[ŋ の実態
　　a. 制約 *ONSET(ŋ) を語頭に特殊化した制約．
　　b. 制約 *ONSET(ŋ) と，この制約の効果を語中で無効にする別の制約との組み合わせ．

　ここまでで，(39a) と (39b) の音節化の可能性は，制約 *ONSET(ŋ) によって排除されることがわかった．最後に残った (39c) の音節化の可能性は，どのようにすれば排除できるであろうか．この場合，問題の [ŋ] は，末尾子音に音節化されていることになるので，今まで考えてきた (43) の制約 *ONSET(ŋ) では排除できない．そもそも，2 音節目の頭子音がなくなってしまう点を問題視する可能性もある．しかし，singer のように，[ŋ] を 2 音節目の頭子音に音節化することができない場合がありえることから，議論なしにはこの可能性を排除できない．

　末尾子音での [ŋ] の現れ方を考える手始めとして，末尾子音の音素配列論を概観してみる．末尾子音の音素配列論について，ここでは音素配列の一般化として，Kiparsky (1982) の考え方を援用してみる．まず，英語の分節音を，母音，半母音，[r], [l], 鼻音，阻害音の 6 つのグループに分け，この 6 つのグループが (45) の階層をなしていると考える．この階層に基づき，(46) の制限を守っているような連鎖が，英語の末尾子音ということになる．

(45) 末尾子音における分節音の階層：母音―半母音―[r]―[l]―鼻音―阻害音

(46) 英語の 末尾子音の制限：(45)の末尾子音における階層から，その順に最大3つまで選んでよい．（ただし，先頭は母音でなければならない．）

今問題にしている点と関係があるのは，末尾に鼻音が生じる場合なので，そのような連鎖だけを考えることにする．(45)の階層を守りつつ，鼻音（N）が末尾に現れる場合は，(47)のようになる．(48)はその実例である．

(47) VXN の韻部
  a. 母音―半母音―鼻音
  b. 母音―[r]―鼻音
  c. 母音―[l]―鼻音

(48) a. aim, own, *[eyŋ]
  b. arm, corn, *[ɑrŋ]
  c. elm, kiln, *[ɪlŋ]

ここでわかるように，(47)の鼻音の位置には，[m]や[n]は現れるが，[ŋ]は現れない．そこで，この事実を捉えるために，(49)のような制約を立てることができるかもしれない．

(49) 末尾子音の中の[ŋ]に関わる制約
  *VXŋ]$_\sigma$：[ŋ]は，VX__]$_\sigma$という環境には生起しない．

なんとも特殊な制約である．英語の[ŋ]という分節音が問題の環境で禁止されているということを述べた制約で，この現象以外に役に立つ見込みはなさそうである．そこで，たとえば(49)の制約を一般化して，末尾子音に現れる[ŋ]を排除するような制約を立てることにすると，(50)のような単語が問題になる．

(50) sink, sing

さて，ここまでは，[ŋ]という分節音が出現しない環境を探し出しては，

対策を考えてきたが，ここで視点を変え，この分節音が出現する環境を考えてみよう．[ŋ] は，すぐ上の (50) で見たような環境にしか現れないと言える．そこで，基本的に [ŋ] という分節音が現れないということにしておいて，特殊な環境の場合のみ [ŋ] の出現を強制するような制約を立てるという方向性が見えてくる．まず，基本的に [ŋ] が生じないということを捉えるためには，(51) のような制約を立てればよい．

(51) *ŋ：[ŋ] は避けられる．

これは，どの言語を分析する場合にも必要な，非常に一般的な分節音の有標性に関わる制約である．実際，われわれは，日本語のガ行鼻濁音の分析にこの制約を用いた．

次に解決しなければならないのは，(50) の環境の特徴づけである．(50) の環境とは，どのような環境であろう．便宜的に，単独で生ずる場合と子音連鎖の中に現れる場合の，2 つの場合に分けて考えることにする．まず，単独で [ŋ] が生じるのは，基本的に語末においてである．たとえば，sing のような単語の語末に生じている．singing のような接尾辞を含んでいるような場合には，「語中」でも [ŋ] が単独で現れる場合があるが，この点については後に扱うことにする．

次に，[ŋ] が子音連鎖の中に生じる場合を考えてみよう．[ŋ] が子音連鎖の中に生じるのは，語中であっても語末であっても，VŋC のような連鎖においてだけである．ここで，V は短母音，C は [k] または [g] である．この事実は，他の鼻音が子音連鎖の中に現れる場合を含めて，一般化できる．つまり，鼻音が子音連鎖に生じて，阻害音に後続される場合は，鼻音と阻害音は同じ調音点を持っていなくてはならない．

まず，単一の形態素からなる単語の語末において，鼻音が阻害音に後続されるような子音連鎖の例を (52) に示す．どの鼻音の場合も，同じ調音点の阻害音に後続される場合のみである．ただし，語末の場合は，有声歯茎音 ([d, z]) 以外の有声阻害音 ([b, v, g]) は，鼻音に後続できない．

(52) 鼻音が語末の子音連鎖に現れる場合

[mp] pump, lamp	[mb]
[mf] lymph, nymph	[mv]
[nt] hint, pint	[nd] band, kind
[ns] prince, once	[nz] bronze, Heinz
[ŋk] link, sink	[ŋg]

単一の形態素からなる単語ではなく,接尾辞などが付加した単語では,(52)の可能性以外にも鼻音に阻害音が後続するような場合が存在するが,ここでは考えないことにする.

次に,語中において,鼻音が阻害音に後続されるような子音連鎖の例を(53)に示す.語末の場合と同様に,調音点が同じ子音に後続される場合のみである.ここで,語中とは,1つの形態素からなる単語の内部という意味である.

(53) 鼻音が語中の子音連鎖に現れる場合

[mp] temper, Tampa	[mb] camber, number
[mf] comfit, Memphis	[nv] anvil, Denver
[nt] Clinton, winter	[nd] Linda, wonder
[ns] answer, onset	[nz] Kansas, pansy
[ŋk] anchor, Duncan	[ŋg] finger, bingo

この事実を捉えるために,(54)のような制約が必要であろう.この制約も,さまざまな言語に見られる鼻音の調音点同化現象を特徴づけるために役に立ちそうな,言語普遍性を持った制約と言える.

(54) 非同器官的 NC 連鎖の禁止
    a. NC-Assim:NC 連鎖では調音点が共有される.
    b. *Nasal   Obstruent
          | |
        α POA β POA

さて，ここまでの観察と想定された制約をふまえて，まず，語中のNC連鎖における調音点同化の現象を，最適性理論の枠組みで分析してみよう．

(56)は，語中の[ŋg]を例にとって，その分析を示したものである．入力を表示するために用いられている大文字のNは，どのような調音点の鼻音を入力にしても，結果が同じことを示す．[ŋ]は，本来は嫌われているのだが，制約NC-Assimと制約MAX-IOの効果によって救われる．つまり，制約MAX-IOは分節音の削除を禁じ，制約NC-Assimは調音点を共有していないNC連鎖を禁じる．結果として，分節音の削除がなく，かつ調音点を共有する候補が最終的な出力として選ばれる．調音点の同化には，方向性があることが知られているが，この点は，ここでの議論を簡単にするために，明示的な分析を示していない．鼻音の調音点の保存よりも，阻害音の調音点の保存を強制するような制約群が必要になるであろう．また，ここまでのところ，制約NC-Assimと制約MAX-IOとが，順位づけられているという証拠は見当たらない．(57)は[ŋk]のための表であるが，[ŋg]の場合と基本的に同様である．

(55) NC-Assim, MAX-IO >> *ŋ

(56) /Ng/ → [ŋg]

/Ng/	NC-Assim	MAX-IO	*ŋ
☞ ŋg			*
g		*!	
m		*!	
n		*!	
ŋ		*!	*
ng	*!		
mg	*!		

(57) /Nk/ → [ŋk]

/Nk/	NC-Assim	Max-IO	*ŋ
☞ ŋk			*
k		*!	
m		*!	
n		*!	
ŋ		*!	*
nk	*!		
mk	*!		

　さて，これで，[ŋ] が生じる場合の分析を示すことができた．では，[ŋ] の生じない環境はどのように分析されるのか，考察してみよう．その準備として，最適性理論での音素目録を捉えるための仕組みを考えてみる．最適性理論では，音素目録も制約の相互作用で捉えることになる．ここで特に大事になってくるのが，最適性理論における有標性の考え方である．

　有標性とは，本来的に関係に基づくものである．ある構造より別の構造が有標であるか否かの判断には，問題の2つの構造を比べてみる必要がある．2つ以上の構造が関われば，有標性の階層ができることになる．さて，今われわれが問題にしている鼻音の調音点にも，より有標なものからより無標なものへの階層を想定することができる．[ŋ] が最も有標であり，[m] がそれに続き，[n] が最も無標であると考えられている．このことを制約の階層にして表すと，(58)のようになる．

(58) 　*ŋ ≫ *m ≫ *n

これは，調音点に基づく有標性の階層であり，鼻音だけではなく，子音の調音点に共通すると考えられている．つまり，軟口蓋音が最も有標であり，唇音がそれに続き，歯茎音が最も無標であるということである．言語によっては，唇音と軟口蓋音の有標性が逆転することもあるようだが，言語によって，いずれかの階層が選ばれると考えると，この階層は，言語普

遍であると考えることができそうである．このような有標性に関する制約の階層を用意したうえで，言語間の差異を捉えるためには，忠実性制約を使う．鼻音の調音点の有標性の場合，(58) の階層のどの位置に忠実性制約，とりわけ，調音点の同一性を問題にする制約 Ident-IO(Place) (59) が割り込むかによって，その言語において，どのような調音点を区別するかが決定される．

(59) Ident-IO(Place)：入力におけるある分節の調音位置に関する素性指定は，出力の対応要素にも保存されなければならない．

英語では，[ŋ] の出現に制限があることから，(60) のような制約の階層が想定されることになるであろう．

(60) *ŋ >> Ident-IO(Place) >> *m >> *n

(60) の階層を (55) と組み合わせると，(61) のような制約の階層ができる．

(61) NC-Assim, Max-IO >> *ŋ >> Ident-IO(Place) >> *m >> *n

この階層に基づいて，/snow/ を入力にした場合の表が (62) である．つまりこの場合は，NC-Assim が関わっておらず，[ŋ] の出現が強制されていない．そこで，鼻音の中で調音点に関して最も無標である，[n] が選ばれることになる．

(62) 語頭に [sŋ] は生じない．

/snow/	NC-A	Max-IO	*ŋ	Ident-IO(Place)	*m	*n
sŋow			*!			
ŋow		*!	*			
sow		*!				
smow				*	*!	
☞ snow				*		*

一般化して言うと，鼻音に阻害音が後続するような環境で，NC-Assimの効果により調音点同化が強制され，結果として，同器官的な NC 連鎖が生じる場合にのみ [ŋ] が生じることになる．

以上，英語の [ŋ] が語頭に生じないという事実が，最適性理論の枠組みの中でどのように説明されるかを考察してみた．その過程で，日本語における [ŋ] の分布を説明するために必要だと考えられ，また，英語の [ŋ] の分布の説明にも役に立つと考えられていた制約 *$_{PrWd}$[ŋ を使わない分析が可能であることを示した．この制約を用いないほうが，より一般的で普遍的な分析であることも示した．日本語でも英語でも [ŋ] は，基本的にはどの位置でも避けられるのであるが，ある特定の環境で [ŋ] の出現が強制される場合にのみ，[ŋ] が生じると言えることがわかった．次の節では，英語において，[ŋ] に先行しうる母音の音質に関して考察することとする．

7.5.4 [ŋ] に先行する母音の音質

分節音 [ŋ] は，他の鼻音 /n, m/ とは異なり，先行しうる母音の音質に制限がある．他の鼻音 /n, m/ は，短い母音の後ろにも，長い母音の後ろにも現れるが，[ŋ] は，短い母音の後ろには現れるが，長い母音の後ろには現れない．

(63) 鼻音 /n, m/ の前の母音（基本的にすべての母音が生じる）

/iy/ bean, beam		/uw/ moon, room	/aw/ noun, —
/ɪ/ bin, limb		/ʊ/ —, —	/ay/ wine, crime
/ey/ cane, fame		/ow/ tone, foam	/yuw/ immune, fume
/ɛ/ ten, gem	/ʌ/ pun, rum	/ɔ/ lawn, —	/ɔy/ coin, —
/æ/ fan, dam		/ɑ/ spawn, palm	

/ɔ, aw, ɔy/ に後続する位置に /m/ が現れないのは，歴史的な理由がある．これらの母音に後続する位置には，歯茎子音しか現れない．

(64) 分節音 [ŋ] の前の母音 (短い母音のみが生じる)

/iy/ —		/uw/ —	/aw/ —
/ɪ/ sing		/ʊ/ —	/ay/ —
/ey/ —		/ow/ —	/yuw/ —
/ɛ/ eng	/ʌ/ lung	/ɔ/ long	/ɔy/ —
/æ/ bang		/ɑ/ (bong)	

この事実は, [ŋ] が, 英語の音素ではなく, 鼻音に軟口蓋子音 /k, g/ が後続した場合にのみ現れると考えると, 説明がつく. 同一形態素内で鼻音に子音が後続するのは, A_r-C_r の場合のみであることが, [ŋ] が短い母音に後続する位置にしか現れない理由である. (記号 A_r, C_r の意味については第 6 章を参照.)

(65) [ŋ] は, 英語の音素ではなく, 鼻音＋軟口蓋子音 /k, g/ の連鎖によるものである.

さらに, 他の鼻音 /n, m/ は, 母音に挟まれた位置に自由に現れるが, [ŋ] は, 母音に挟まれた位置には基本的には現れない. 母音に挟まれた位置に [ŋ] が現れている場合は, 単一の形態素ではなく, 複数の形態素からなっている.

(66) 鼻音が母音の間に現れる場合
    a. summer, hammer, manner, tennis
    b. singer [sɪŋər], singing [sɪŋɪŋ]

この事実も, (65) を受け入れると説明への道が開く. つまり, /m, n/ は英語の音素であるために, 単独であっても自由に母音の間に生じることができるが, [ŋ] は, /k/ または /g/ が後続する位置にしか生じないことになる. sing のような単語の場合には, [ŋ] に後続する位置に /k/ や /g/ が生じているような異形態が見つからないのが, この分析の難点になる. しかし, [ŋ] が短い母音に後続する位置にしか生じないという事実や, (67) に示した long のように, 異形態が見つかるような単語が存在するという

事実は，sing のような単語にも /Ng/ を想定する方向性が，正しいことを示唆していると言える．

(67) long / longer ［lɔŋ / lɔŋɡər］

7.6 ま と め

　この章では，最適性理論に基づく音韻構造の研究を取り上げた．まず，最適性理論の基本的な考え方について概観した後に，最適性理論における音節構造の理論について検討した．さらに，最適性理論における音節理論の英語音韻論への応用として，つなぎの R と挿し込みの R の歴史的発展と，分節音［ŋ］の分布について考察した．

参　考　文　献

第 I 部　音節とモーラの機能

荒木一雄・安井稔編（1992）『現代英文法辞典』三省堂，東京．

Fromkin, Victoria (1973) *Speech Errors as Linguistic Evidence*, Mouton, The Hague.

Fromkin, Victoria and Robert Rodman (1974 / 1988) *An Introduction to Language*, Holt, Rinehart and Winston, New York.

Gimson, A. C. (1943 / 1973) "Implications of the Phonemic / Chronemic Grouping of English Vowels," *Phonetics in Linguistics: A Book of Reading*, ed. by W. E. Jones and J. Laver, 88–93, Longman, London.

Hammond, Michael (1999) *The Phonology of English: A Prosodic Optimality-Theoretic Approach*, Oxford University Press, Oxford.

Haraguchi, Shosuke (1977) *The Tone Pattern of Japanese: An Autosegmental Theory of Tonology*, Kaitakusha, Tokyo.

原口庄輔（2000）「新「連濁」論の試み」『研究報告（4）先験的言語理論の構築とその多元的実証（4–B）』（平成 11 年度 COE 形成基礎研究費研究成果報告書），715–732．

Harris, John (1994) *English Sound Structure*, Blackwell, Oxford.

Hayashi, Minoru and Kazuhiko Kakehi (1990) "An Experimental Study on Basic Perceptual Units of Speech Based on Reaction Time," Paper presented at the spring meeting of the Acoustical Society of Japan.

Hayes, Bruce (1989) "Compensatory Lengthening in Moraic Phonology," *Linguistic Inquiry* 20, 253–306.

Hayes, Bruce (1995) *Metrical Stress Theory: Principles and Case Studies,* University of Chicago Press, Chicago.

平山輝男（1960）『全国アクセント辞典』東京堂，東京．

本間一夫 (1954)『点訳のしおり』社会福祉法人日本点字図書館．

Homma, Yayoi (1981) "Durational Relationships between Japanese Stops and Vowels," *Journal of Phonetics* 9, 273–281.

Itô, Junko, Yoshihisa Kitagawa, and Armin Mester (1996) "Prosodic Faithfulness and Correspondence: Evidence from a Japanese Argot," *Journal of East Asian Linguistics* 5, 217–294.

Jakobson, Roman (1968) *Child Language, Aphasia and Phonological Universals*, Mouton, The Hague.

Jakobson, Roman (1976)『失語症と言語学』(服部四郎編・監訳) 岩波書店，東京．

Katayama, Motoko (1998) *Optimality Theory and Japanese Loanword Phonology,* Doctoral dissertation, University of California, Santa Cruz.

川越いつえ (1995) 「借用語にみえる促音化とリズム衝突」『言語研究』108, 46–73.

木部暢子 (2000)『西南部九州二型アクセントの研究』勉誠出版，東京．

窪薗晴夫 (1983)「英語に於ける等時化の歴史について」『英文学研究』60: 1, 133–147.

Kubozono, Haruo (1989) "The Mora and Syllable Structure in Japanese: Evidence from Speech Errors," *Language and Speech* 32: 3, 249–278. [Reproduced in *Phonology: Critical Concepts*, Vol. III, ed. by C. W. Kreidler (2000), 196–226, Routledge, London and New York]

Kubozono, Haruo (1990) "Phonological Constraints on Blending in English as a Case for Phonology-Morphology Interface," *Yearbook of Morphology* 3, 1–20.

窪薗晴夫 (1995)『語形成と音韻構造』くろしお出版，東京．

窪薗晴夫 (1998a)「金太郎と桃太郎のアクセント構造」『神戸言語学論叢』(神戸大学言語学講座) No. 1, 35–49.

窪薗晴夫 (1998b)『音声学・音韻論』くろしお出版，東京．

窪薗晴夫 (1999a)『日本語の音声』(現代言語学入門 2) 岩波書店，東京．

Kubozono, Haruo (1999b) "Mora and Syllable," *The Handbook of Japanese Linguistics*, ed. by N. Tsujimura, 31–61, Blackwell, Oxford.

窪薗晴夫 (2000)「日本語の語彙と音韻構造——「女王」は「じょおう」か

「じょうおう」か」『日本語研究』20, 1–18, 東京都立大学.
Kubozono, Haruo (2001a) "Epenthetic Vowels and Accent in Japanese: Facts and Paradoxes," *Issues in Japanese Phonology and Morphology*, ed. by J. van de Weijer and T. Nishihara, 113–142, Mouton de Gruyter, Berlin and New York.
Kubozono, Haruo (2001b) "On the Markedness of Diphthongs,"『神戸言語学論叢』(神戸大学言語学講座) No. 3, 60–73.
窪薗晴夫・溝越彰 (1991)『英語の発音と英詩の韻律』英潮社, 東京.
窪薗晴夫・太田聡 (1998)『音韻構造とアクセント』研究社, 東京.
Lovins, Julie B. (1975) *Loanwords and the Phonological Structure of Japanese,* Indiana University Linguistics Club.
Maddieson, Ian (1985) "Phonetic Cues to Syllabification," *Phonetic Linguistics: Essays in Honor of Peter Ladefoged*, ed. by Victoria Fromkin, 203–221, Academic Press, Orlando.
枡矢好弘 (1976)『英語音声学』こびあん書房, 東京.
松浪有・池上嘉彦・今井邦彦編 (1983)『英語学事典』大修館書店, 東京.
Moore, Samuel and Albert H. Marckwardt (1981) *Historical Outlines of English Sounds and Inflections*, George Wahr, Ann Arbor.
大石　強 (1988)『形態論』開拓社, 東京.
Otake, Takashi, Giyo Hatano, Anne Cutler and Jacques Mehler (1993) "Mora or Syllable?: Speech Segmentation in Japanese," *Journal of Memory and Language* 32, 258–278.
Paradis, Carole and Jean-François Prunet (1991) *Phonetics and Phonology* Vol. 2: *The Special Status of Coronals: Internal and External Evidence*, Academic Press, San Diego.
Prince, Alan and Paul Smolensky (1993) *Optimality Theory: Constraint Interaction in Generative Grammar*, Technical Report 2, Rutgers Center for Cognitive Science, Rutgers University. [To appear from MIT Press]
Ratcliff, Robert R. (2001) "What Do 'Phonemic' Writing Systems Represent?: Arabic Huruuf, Japanese Kana, and the Moraic Principle," *The International Journal of Written Language and Literacy* 4, 1.

田中真一・窪薗晴夫 (1999) 『日本語の発音教室』くろしお出版, 東京.
Trubetzkoy, N. S. (1969) *Principles of Phonology* (trans. C. A. M. Baltaxe), University of California Press, Los Angeles. [Original work published 1958]
Ujihira, Akira and Haruo Kubozono (1994) "A Phonetic and Phonological Analysis of Stuttering in Japanese," *Proceedings of ICSLP '94*, 3, 1195–1199.
Wells, John C. (1990 / 2000) *Longman Pronunciation Dictionary*, Longman, London.
Zec, Draga (1995) "The Role of Moraic Structure in the Distribution of Segments within the Syllable," *Frontiers of Phonology*, ed. by J. Durand and F. Katamba, 149–179, Longman, New York.

第 II 部　音節の理論と構造

Anttila, Arto and Young-mee Yu Cho (1998) "Variation and Change in Optimality Theory," *Lingua* 104, 31–56.
Beckman, Jill N. (1998) *Positional Faithfulness*, Doctoral dissertation, University of Massachusetts.
Beckman, Jill N. (1999) *Positional Faithfulness: An Optimality Theoretic Treatment of Phonological Asymmetries* (Outstanding Dissertations in Linguistics), Garland, New York.
Cairns, Charles E. (1988) "Phonotactics, Markedness and Lexical Representation," *Phonology* 5, 209–236.
Clements, George N. and Samuel Jay Keyser (1983) *CV Phonology: A Generative Theory of the Syllable* (Linguistic Inquiry Monograph, 9), MIT Press, Cambridge, MA.
Gamkrelidze, Tamaz V. (1978) "On the Correlation of Stops and Fricatives in a Phonological System," *Universals of Human Language* Vol. 2: *Phonology*, ed. by Joseph H. Greenberg, Charles A. Ferguson and Edith A. Moravcsik, 9–46, Stanford University Press, Stanford.
Giegerich, Heinz J. (1992) *English Phonology: An Introduction* (Cam-

bridge Textbooks in Linguistics), Cambridge University Press, Cambridge.

Greenberg, Joseph H. (1978) "Some Generalizations concerning Initial and Final Consonant Clusters," *Universals of Human Language* Vol. 2: *Phonology*, ed. by Joseph H. Greenberg, Charles A. Ferguson and Edith A. Moravcsik, 243–279, Stanford University Press, Stanford.

Itô, Junko (1986) *Syllable Theory in Prosodic Phonology*, Doctoral dissertation, University of Massachusetts. [Outstanding Dissertations in Linguistics, Garland, New York, 1988]

Itô, Junko and Armin Mester (2000) "Weak Parallelism and Modularity: Evidence from Japanese,"『筑波大学「東西言語文化の類型論特別プロジェクト」研究報告書III』89–105 (特別プロジェクト長：原口庄輔).

Jakobson, Roman (1962) "Typological Studies and Their Contribution to Historical Comparative Linguistics," *Selected Writings* I: *Phonological Studies,* Expanded Edition, Mouton, The Hague.

Kahn, Daniel (1976) *Syllable-Based Generalizations in English Phonology*, Doctoral dissertation, University of Massachusetts. [Outstanding Dissertations in Linguistics, Garland, New York, 1980]

Kiparsky, Paul (1982) "Lexical Morphology and Phonology," *Linguistics in the Morning Calm*, ed. by The Linguistic Society of Korea, 3–91, Hansin, Seoul.

McCarthy, John J. (1993) "A Case of Surface Constraint Violation," *Canadian Journal of Linguistics* 38, 169–195.

McCarthy, John J. and Alan Prince (1993) *Prosodic Morphology* I: *Constraint Interaction and Satisfaction*, ms., University of Massachusetts and Rutgers University.

McCarthy, John J. and Alan Prince (1995) "Faithfulness and Reduplicative Identity," *Papers in Optimality Theory* (University of Massachusetts Occasional Papers in Linguistics 18), ed. by Jill Beckman, Laura Walsh Dickey and Suzanne Urbanczyk, 249–384, University of Massachusetts.

McCarthy, John J. and Alan Prince (1999) "Faithfulness and Identity in Prosodic Morphology," *The Prosody-Morphology Interface*, ed. by René Kager, Harry van der Hulst and Wim Zonneveld, 218–309, Cambridge University Press, Cambridge.

McCarthy, John J. and Alan Prince (2001) *Prosodic Morphology: Constraint Interaction and Satisfaction*, ms., University of Massachusetts and Rutgers University. [ROA 482-1201, Revised and extended version of McCarthy and Prince (1993)]

Prince, Alan and Paul Smolensky (1993) *Optimality Theory: Constraint Interaction in Generative Grammar*, ms., Rutgers University and University of Colorado.

Rubach, Jerzy (1984) "Segmental Rules of English and Cyclic Phonology," *Language* 60, 21–54.

Selkirk, Elisabeth O. (1982) "The Syllable," *The Structure of Phonological Representations* Part II, ed. by Harry van der Hulst and Norval Smith, 337–383, Foris, Dordrecht.

Selkirk, Elisabeth O. (1984) "On the Major Class Features and Syllable Theory," *Language Sound Structure: Studies in Phonology Presented to Morris Halle by His Teacher and Students*, ed. by Mark Aronof and Richard T. Oehrle, 107–136, MIT Press, Cambridge, MA.

Steriade, Donca (1982) *Greek Prosodies and the Nature of Syllabification*, Doctoral dissertation, MIT.

竹林滋 (1996) 『英語音声学』研究社, 東京.

Wells, John C. (1982) *Accents of English*, 3 vols, Cambridge University Press, Cambridge.

索　　引

あ　行

アクセント　36
　　英語の〜　31
　　鹿児島方言の〜　41
　　日本語の〜　36, 85
　　ラテン語の〜　82
アクセント核　36
アクセント付与規則　31
アラビア語　4, 6
アルファベット　4, 61
言い間違い　44, 58
異音（allophone）　110
鋳型（template）　127
イギリス英語　66
位置による忠実性（positional faithfulness）　179
一般アメリカ語（General American）　163
入りわたり（on-glide）　105
韻（rhyme）　5, 23, 29, 43, 101
イントネーション句　3
韻律外要素　73, 84
韻律句　3
韻律語　3
英語の母音　102
英語のリズム　→　強勢拍リズム
英詩　27, 48, 49
音の交換（metathesis）　44
音韻語　3
音韻的慣用句（phonological idiom）　149
音韻的単語（prosodic word）　154
音韻的な長さ　58, 102
音声的な長さ　58
音節　3, 18

アクセントと〜　30, 36
言語変化と〜　51
言葉遊びと〜　42
〜の形　7
〜の機能　25
〜の定義　7
リズムと〜　32
音節核（Nucleus）　101
音節化の領域　116
音節境界　15
音節言語　22
音節構造　5, 7, 17, 28, 43, 100
音節構造規則（syllable structure rules: SSR）　128
音節構造制約　52
音節構造の鋳型　129
音節構造の類型　159
音節の鋳型　119, 120, 128
音節の境　116
音節量　68
音素　3
音素配列論（phonotactics）　111
音量変化
　　英語の〜　69
　　日本語の〜　73

か　行

開音節（open syllable）　19, 29, 52, 101
開音節長母音化　69
下位集合（subset）　135
開放母音（free vowel）　102, 103
下位目録（subinventory）　135
外来語アクセント　36, 85
ガ行鼻濁音　176

鹿児島方言　14, 22, 41, 92
歌謡　25, 58
慣用句　48
聞こえ度 (sonority)　7, 9, 112, 113
　〜の外見 (sonority profile)　115
　〜の差　120
　〜の指標　121
　〜の尺度　113, 114
　〜の定義　113
聞こえ度配列原理　10
聞こえ度配列の一般化 (Sonority Sequencing Generalization)　114
気息　110
吃音　58, 59
基底形　128
脚韻　49
共起制限　66
強勢の衝突　34
強勢拍リズム　29, 30, 32
強母音 (strong vowel)　102, 103
共鳴音 (sonorant)　107
近畿方言　63, 74
緊張母音　21
言語獲得　7, 52, 88
言語変化　51
語彙部門　155, 156
後部歯茎音 (postalveolar)　108
語強勢　16
国際音声字母 (International Phonetic Alphabet: IPA)　105
語形成　54, 63
語順　33
古代日本語　20, 91
言葉遊び　42, 80
諺　46
混成語　54, 76

さ　行
最小聞こえ度距離 (minimum sonority distance)　120
最小性

音節の〜　74
語の〜　74
最小性制約　60
最大性制約　64
最大頭子音原理　16
最適性理論 (Optimality Theory)　53, 152
挿し込みの R (intrusive-R)　162, 165
子音結合　8, 65
子音挿入　53, 90
子音脱落　94
歯音 (interdental)　107
弛緩母音　21
自然音群 (natural class)　93
弱母音 (weak vowel)　102–104
弱化母音 (reduced vowel)　102
重子音化　75
樹形図　132, 133
自立モーラ　37
唇音 (labial)　107
数字体系　88
スコットランド標準英語 (Scotland Standard English)　163
ズージャ語　81
スプーナリズム (spoonerism)　44
生起制限　28
生成部門　155, 156
成節共鳴音 (syllabic sonorant)　148
成節子音 (syllabic consonant)　12, 119
声帯の振動　106
声調言語　62
声門音 (glottal)　108
制約部門　155, 157
整列 (alignment)　154
接近音 (approximant)　107
舌頂音 (coronal)　11, 108
狭め (stricture)　106
挿入母音　5
阻害音 (obstruent)　9, 23, 107
側音 (lateral)　107

索　引　201

促音添加　75

た　行
対応 (correspondence)　157
対応理論 (Correspondence Theory)　157
タイ語　62
代償延長
　英語の〜　92
　日本語の〜　90
大母音推移 (Great Vowel Shift)　93
高さアクセント　30
短縮語　61, 63, 76
短母音　19, 22, 103
単母音　19
短母音化　68, 75
単母音化 (monophthongization)　92
　→ 母音融合
中国語　45
忠実性 (faithfulness)　154, 157
忠実性制約　157
中和 (neutralization)　127, 129, 134
　位置による〜　135, 137
　隣接による〜　135, 139
中和規則　135
調音位置　106
調音方法　106
長母音　19, 22, 103
長母音化　68
綴り字　17
つなぎの R (linking-R)　162, 165
強さアクセント　30
点字　4, 6
同一性　157
頭韻　46
東京方言　22, 57, 63, 74
頭子音 (Onset)　5, 28, 43, 95, 101
頭子音優先の原理　161
等時性　20, 57
頭文字語　80
特殊モーラ　37

な　行
軟口蓋音 (velar)　108
軟口蓋鼻子音 (velar nasal)　175
二重母音　13, 19
日本語のリズム → モーラ拍リズム
入力の豊穣 (Richness-of-the-Base)　177

は　行
歯茎音 (alveolar)　107
破擦音 (affricate)　9, 106
張り母音　21, 94
汎音節制約 (pansyllabic consonant)　150
ハングル　4, 5
反切　45
半母音 (semivowel または glide)　9, 107
非 R 音性的 (nonrhotic)　162
鼻音 (nasal)　9, 23, 107
鼻音の調音点同化現象　186
必異原則 (Obligatory Contour Principle)　151
比喩　46
評価部門　155, 158
複合語アクセント　82
複合語短縮　76
複合名詞アクセント　39, 85
フット (foot)　3, 64, 110, 154
分節　25, 58
分節音　3
分節音の目録　128
閉音節 (closed syllable)　19, 29, 52, 101
閉音節短母音化　29, 69
閉鎖音 (stop)　9, 106
平板式アクセント　38, 40, 86
ベルベル語　12
母音削除　90
母音性　9
母音脱落　42, 53, 75

母音融合　42, 53, 90, 93
母音連続　13, 53, 90
補償効果　29

ま　行
摩擦音（fricative）　9, 106
末尾子音　28, 52, 94
無気音　110
無声音（voiceless）　107
目立つ位置（privileged positions）　179
モーラ　3, 56, 105
　アクセントと〜　82
　音韻的〜　56
　音声的〜　56
　言語変化と〜　90
　語形成と〜　76
　言葉遊びと〜　80
　〜の形　17, 23
　〜の機能　23, 56
　〜の定義　17
モーラ言語　22
モーラ性　20, 91
モーラ拍リズム　21, 30, 36, 57
目録（inventory）　127

や　行
有気音　110
有声音（voiced）　107
有標性（markedness）　52, 154
有標性理論（Markedness Theory of Syllable Structure: MTSS）　127
緩み母音　21
拗音　6, 59

抑止母音（checked vowel）　102, 103
余剰語の挿入　35
余剰性　127

ら・わ　行
ラテン語　18, 82, 96
ラテン語のアクセント規則　32
リズム　46
流音（liquid）　9, 23, 107
ローマ字　4
わたりの音（glide）　105

A〜Z
A_o　129
A_r　129
C_o　129
Con　155
C_r　129
Eval　155
GA　163
Gen　155
homorganic lengthening　71
Lex　155
NoCoda　53
Onset　53
PC_o　129
PC_r　129
R のつなぎ（R-linking）　165
R の挿し込み（R-insertion）　165
R 音性的（rhotic）　162
SSE　163
UR_1　128, 130
UR_2　128

〈著者紹介〉

原口庄輔(はらぐち　しょうすけ)　1943年生まれ．筑波大学名誉教授．2012年没．

中島平三(なかじま　へいぞう)　1946年生まれ．学習院大学文学部教授．

中村　捷(なかむら　まさる)　1945年生まれ．東北大学名誉教授．

河上誓作(かわかみ　せいさく)　1940年生まれ．大阪大学名誉教授．

窪薗晴夫(くぼぞの　はるお)　1957年鹿児島県生まれ．名古屋大学大学院博士前期課程，エジンバラ大学大学院博士課程修了．Ph.D.(言語学)．現在，国立国語研究所教授．著書: *The Organization of Japanese Prosody*（くろしお出版，1993），『語形成と音韻構造』（くろしお出版，1995），『音韻構造とアクセント』（共著，研究社刊，1998），『日本語の音声』（岩波書店，1999）など．

本間　猛(ほんま　たける)　1963年山形県生まれ．国際基督教大学博士前期課程修了．筑波大学博士課程満期退学．教育学修士．現在，首都大学東京教授．論文: "How should we represent 'g' in toge in Japanese Underlyingly?" (*Issues in Japanese Phonology and Morphology*, Mouton, 2001), "Sympathetic Analysis of German R-Vocalization," (『意味と形のインターフェース』，くろしお出版，2001)．

英語学モノグラフシリーズ 15

音節とモーラ

2002年4月25日　初版発行　　2016年2月19日　4刷発行

編　者　原口庄輔・中島平三
　　　　中村　捷・河上誓作

著　者　窪薗晴夫・本間　猛

発行者　関　戸　雅　男

印刷所　研究社印刷株式会社

KENKYUSHA
〈検印省略〉

発行所　株式会社　研究社
http://www.kenkyusha.co.jp

〒102-8152
東京都千代田区富士見2-11-3
電話（編集）03(3288)7711(代)
　　（営業）03(3288)7777(代)
振替　00150-9-26710

ISBN 978-4-327-25715-6　C3380　　Printed in Japan